天下文化
BELIEVE IN READING

第二曲線

社會再造的新思維

查爾斯・韓第——著
齊若蘭——譯

Charles Handy

The Second Curve
Thoughts on Reinventing Society

經典珍藏版

CONTENTS

The Second Curve

Thoughts on Reinventing Society

編者附言

當代著名的英國思想家查爾斯・韓第（Charles Handy）著述豐富。天下文化曾先後出版過他的十一本著作。經過嚴格的挑選，將四本經典改版，呈顯出二十年來他思考的軌跡。

一、《覺醒的年代》（一九九四）
二、《大象與跳蚤》（二〇〇二）
三、《你拿什麼定義自己》（二〇〇六）
四、《第二曲線》（二〇一五）

同時推出他的最新著作：《你是誰，比你做什麼更重要：英國管理大師韓第寫給你的21封信》（*21 Letters on Life and Its Challenges*）。我們將他前後的五本著作合成「韓第專輯」，減少讀者遺珠之憾，並邀請與他相知甚深的高希均教授主筆導讀。

總導讀

英國韓第大師的思潮縮影——展開「閱讀韓第」心靈之旅

美國威斯康辛大學榮譽教授　高希均

（一）英格蘭小鎮的田園景色

「從我寫作的房間可以遠眺英格蘭東部的田野與森林。這真是抒情詩一般的田園景致，只等待後代如康斯塔伯（John Constable；英國畫家）般的畫家用油彩把它捕捉下來。看著古老的照片，你會覺得眼前的景色跟一百年前一模一樣，有些事物是不會變的。」

是這段話的引誘，使我要去探訪這個景色。十七年前（二〇〇三）的九月下旬，從倫敦坐火車出發，一個半小時後，到達了這座田園之美的小鎮諾福克（Norfolk）。迎接我的，就是主人韓第夫婦（Charles and Elizabeth Handy）。

坐在那一大片落地窗的書房中，望著窗外那無邊的田野與綿延的森林，那是一種人生的美；討論著伊拉克的砲火與落後地區的貧窮，那是一種現實的痛。韓第不是一個悲觀主義者，他以歐盟為例，指出「經濟繁榮代替了戰爭夢魘」。他驕傲的說：「我不只是愛爾蘭人、英國人，我是歐洲人。」

韓第先生親自下廚，豐盛的午餐後，夫人端出她調製的愛爾蘭咖啡，話題轉到他的寫作計畫，他走近書桌，拿出一疊稿件，微笑的給我：「這是我不久前為BBC每週一次所播講的手稿，尚未出版過。它們是討論當前世界上十三位重要的管理大師。如果你覺得合適，可以譯成中文出版。」

這樣的驚喜，是他送給「天下文化」以及華文世界讀者最珍貴的禮物。一年後以《大師論大師》在台北首印出版。

（二）韓第比政府更能改變世界

年已八十八歲的韓第，他晚年的聲譽始終未減。他近二十本著作、《哈佛商業評論》的文章、ＢＢＣ的廣播評論、重要的主題演講，使他贏得了大西洋兩岸的讚賞。他曾在二〇〇二年十一月應「天下文化」及「遠見」之邀專程來台演講，引起了熱烈的迴響。

學術界與媒體常用各種稱呼表達對他的尊敬：「企業思想家」、「出色的教授」、「真正內行的專家」，還有人尊稱他是「英國的國寶」。我猜想他歡喜被稱為「社會哲學家」或「組織行為專家」。

對他的最大讚賞應當是：「在現實生活中，韓第比政府更能改變這個世界。」

韓第的一生充滿了豐富的經歷：愛爾蘭都柏林牧師家庭的童年、牛津攻讀，進入在新加坡的皇家殼牌石油公司，期間又去美國MIT讀管理，嚮往大企業（亦即大象）所提供的安定與舒適，曾在倫敦商學院任教，最後終在四十九歲，下定決心脫離大象，做一個獨立工作者（亦即跳蚤）。

面對網路世界，英國《經濟學人》列舉了十項「管理要領」：速度、人才、開放、合作、紀律、溝通良好、內容管理、關注客戶、知識管理、以身作則。

韓第感慨的說：「這不正是我過去三十年來一再強調的嗎？」知道這些不難，要徹底執行就不容易。

（三）「財富正義」密不可分

晚年的著述是揉合了市場經濟、企業文化與人道觀點，低聲的在提倡營利，大聲的在鼓吹對人的尊重。從他那典雅與親切的文字中，浮現出的是一位溫和、理性、熱情、博愛的愛爾蘭理想主義者，而非冷漠自負的倫敦紳士。近年來他一直在探討：什麼樣的工作方式與生活方式是最適合二十一世紀的社會？

近年的著述中，他又提出了值得大家深思的論點：

(1)提升關懷的文化：不能只顧一己之私，要愛人如己。

(2)共擁一套道德標準：沒有這樣的道德標準作後盾，法律很難有效執行。

(3)改變世界：以各種方式來詮釋這個世界是不夠的，必須在實質上大家共同努力來改變它。

(4)按自己認為正確的方式生活，然後快樂的活著。

(5)終身學習，變中求好。

二〇〇二年五月韓第先生在道賀「天下文化」二十週年的文章中指出：美國九一一悲劇後，使他更相信：「商業的本質不只是商業……，企業要獲得民眾的尊敬，民眾要知道企業不只是在為自己奮鬥，也在為社會努力。如果不能達到這樣的境界，資本主義必然會喪失人們的信心，走向失敗之途。」（全文參見《遠見雜誌》二〇〇二年六月一日，頁四十四－四十六）。韓第在西方社會一生的體驗再度說明：個人的自由與獨立，是與財富的分享與社會正義密不可分。

「天下文化」近四十年來出版了四千餘種書，特別挑選組合了韓第的五本著作，就是希望全球華文讀者能夠揉合東西方思維，在當前新冠病毒蔓延，全球化受到挫折與質疑聲中，冷靜的思考一種前瞻、樂觀、合作、正義的理念。

誠品創辦人吳清友對韓第有深刻的評述。「韓第大多論及know why，而少談know how。我有次與童子賢先生閒談，他說他發現許多最高決策往往不是商業決策，而是哲學議題。」

吳清友先生在推薦經典書籍時常寫著：

我在青壯年正想鵬程萬里的時候讀，
我在經營誠品虧損不堪的年代讀，
我也在病痛苦悶的時光中讀，
閱讀是永恆的，閱讀是私密的，
是不同生命情境時刻的心靈知音。

那麼我們就鬧中取靜，擺脫手機，展開「閱讀韓第」的心靈之旅。

韓第在西方社會一生的體驗使他相信：個人的自由與獨立，要與財富的分享、社會的正義相互平衡。

韓第不僅是管理大師，更是傳統思維的解放者，追求人類和諧相處的人道主義者。

前言

新世界，新世代

本書為何而寫？
為誰而寫？

「麻煩在這裡簽名。」男子說：「請寫上日期，而且務必寫下完整年分，否則我們可能會弄錯是哪個世紀。」他是溫莎古堡的職員，遞給我一把古老的鑰匙，鑰匙和我的新職務相關。我笑了，原本覺得他在開玩笑，但抬起頭來，發現他顯然很認真。我早該當心的。

那裡有個小型研究與會議中心，專門探討個人和社會未來面臨的倫理和價值議題，而我的新職務是擔任「學監」（我後來覺得這個充滿古早味的職銜頗為恰當）。我對古堡的歷史十分著迷。他們安排我們住在一二一六年為年輕的亨利三世（Henry III）打造的房子，到處都瀰漫著歷史的況味。我們希望在這歷史寶庫中孕育創造性思維，但我很快就明白，歷史與傳統一方面值得珍視，另一方面也可能禁錮我們的思想。我發現，除非大難臨頭，否則很難改變現狀，推翻延續數百年的做事方式。雖然堅持傳統不無道理，但如此一來，進步就十分緩慢，經常需要在措手不及的情況下緊急應變，無法有計畫的追求願景。由於受到傳統捍衛者的阻撓，想在歷史根基上尋求發展的新世代往往深感挫敗。

離開溫莎古堡後，我醒悟到即使在古堡之外的世界，「只要還可行，就不要修正」的原則仍然主宰我們的人生。就算你苦口婆心的勸誡人們說，這種情況維持不久，還有更好的做法，大家仍充耳不聞。人們不斷告訴我，維持現狀勝過追求未知。如果真的需要改變，應該追求的是「比過去更好」，而不是有所不同。

當世界改變，我們也必須改變

只是社會的發展不如預期，對大多數人而言，生活並沒有變得比較輕鬆，反而更加艱苦。貧富差距日益擴大，財富不像過去那樣緩緩向下流動。理論上，這樣一來，財富應該向上流動，事實卻不然。因為消費者都深陷債務之中，花太多錢在房子上，能用於其他消費、刺激經濟成長的錢所剩無幾。太多的社會習俗、做法和體制都是為了逝去的年代而設計。網路及網路帶動的新事物為我們的生活帶來革命性的改變，但同時也削弱傳統體制的力量。西方世界似乎已經進入退休模式，幾年前飽受金融危機驚嚇後，如今只想謹慎度日，一心指望著只要保持鎮定，很快就能重返安逸的日子。然而現實狀況是，我們既無法重返過去，也不可能無限期讓現況延長下去。當周遭世界改變時，我們也必須改變，正如同蘭佩杜薩（Giuseppe Tomasi di Lampedusa）在小說《豹》（*The Leopard*）中借主角唐克雷帝（Tancredi）之口對叔叔說的話：「為了讓一切保持原狀，我們必須有所改變。」不幸的是，如此大膽的思維聽在該對我們的未來負起責任的人耳裡，只會引發猜疑，或被視為冒險之舉。政府只是一味扭轉、調整、適應，更關心如何保住權位，而不是開創新願景、新機會。

然而此時此刻，我們對生活的種種假設正因為各種新科技和新價值，掀起翻天覆地的改變。不妨暫且拋開戲劇性十足的國際事務，因為改變最大的將是我們的日常生活。我想把本書獻給年幼的孫兒，他們長大後面對的世界將和我經歷過的世界截然不同，然而我們在協助他們為未來預做準備時，卻彷彿周遭的一切仍和我們過去熟知的世界沒有兩樣，彷彿他們只要埋首苦讀，通過考試，就能順利找到工作，而且工作及考試的內容也和我六十多年前碰到的情況差不多。這種想法注定會讓他們陷入失望和幻滅。有人預測，今天半數的工作到了二〇三〇年都會消失不見，你要如何幫助年輕人為目前還不存在、也無法預見的世界預先做準備呢？

老實說，我不太曉得三十年後的兒孫輩要靠什麼維生？隨著生活愈來愈虛擬化，社會結構將出現什麼變化？他們仍然受民族國家統治嗎，抑或是城邦或邦聯將取而代之？他們如何衡量成功，又會選擇什麼樣的生活方式？無論圖書、音樂或娛樂，資訊化之後都可免費取得，但充斥著免費商品的世界不會有太多工作機會。假使他們有幸找到可以領薪水的工作，或更棒的是可以自己創造工作，他們也必須一直工作到八十歲，所以他們最好樂在工作。

這批年輕人生活的世界裡，早已充斥著各種指尖下的資訊，只要按個鈕或出個聲就可開啟聯繫。這類科技只會變得更快、更好、更容易使用，但卻難以預料未來將產生什麼後遺症。生活會因為新科技而變得更單純，還是更混沌？當他們因為資訊氾濫或通訊過多而感到不安時，又可以躲到哪裡去？他們會不會因為資訊大量流通，反而變得遲疑不決、消極被動，因為要拖延決策實在太容易了，你永遠都可以等到情況更明朗時再做決定，而且永遠都能找到更多資訊；抑或每個人都忙著回覆手持裝置上不斷湧入的訊息，根本挪不出時間來進行原創的思考和行動？你信得過只以虛擬方式會面的朋友或同事嗎？有朝一日，演算法會不會主宰我們的生活，只要靠各種公式和程式，就足以因應每一種可能發生的情況？新媒體拋出的種種不確定固然令人憂心，但是科技變遷製造的問題往往遠多於解決方法。

就我所見，太多新事物都獨厚少數人，大多數人卻未蒙其利。社會失衡、權力分配不均。在商界，資訊經濟正形成贏家通吃的局面，積極前進的新公司往往遭到亞馬遜（Amazon）、臉書（Facebook）、谷歌（Google）等大企業無情的宰制和吞噬。如果我們希望有機會開創有益於所有人的未來，而不是獨厚少數人，就必須挑戰正統，容許自己稍稍作個夢和非理性思考，勇於追求不可能的目標。這是本書的主要脈絡「第二曲線」背後的思考源頭。

為老問題開新路

第二曲線傳達的訊息是，如果想在人生各領域跨步向前，有時候必須啟動激烈變革，開創不同的新路線，從全新的角度看待熟悉的老問題，湯瑪斯・孔恩（Thomas Kuhn）稱之為「典範轉移」。我會在第一章更完整的解釋這個概念。真正的問題在於，必須在第一曲線還繼續運行時就啟動變革；換句話說，主導第一條曲線的人必須對未來有截然不同的思考，或更常見的情況是，必須願意讓別人帶頭攀登新曲線，但這不是容易的事。我們會自問，既然目前一切順利，又何必改變呢？我們通常要等到危機迫在眉睫時，才願意面對變革，但此時資源已然耗盡，時間更加緊迫，也更難推動變革。

好消息是，儘管世界某些地區近年來動亂頻仍，但過去半世紀以來，大多數人還是過得不錯。和以往相較之下，今天的人類比從前更健康、更富裕，不但活得更久，也活得更好，超越歷史上任何時期。全球人均收入是五十年前的三倍，現代人用這筆錢買到的東西更會令我們的上一代驚詫不已，假如他們還能活著目睹一切的話。最近在奧地利提洛爾（Tyrol）山區舉行的研討會中，有一位講者感嘆，儘管歐洲內部近來紛擾不斷，但那裡的居民根本不想要移民。但根據第二曲線的理論，這正好構成重新省思的完美條件，應該趁這時候重新思考目前管理社會的方式，善用過去創造的豐饒與富足，讓它發揮最大的價值。自滿預示了潛在的危險，也代表可能的契機。如果沒有作為，我們將冒著可能失去既有一切的風險。

在接下來的章節中，我試圖用第二曲線的概念來探討一連串議題，從資本主義和政府到教育及美好生活的定義等。我思考時不帶著任何意識型態，只以第二曲線的理念為本，我們在人生各個領域都迫切需要開創新方向。

在寫作時，我的腦中開始浮現一條清晰的新曲線，自我負責（self-responsibility）變得愈來愈重要。我的兒孫輩會比我這個世代更加獨立自主。我們無法再仰賴教育機構或職場來為我們的人生做好準備，或是從中照顧我們。過去我們很容易就讓其他人支配我們的人生：從進小學、讀大學，再到進入企業或從事專業工作，每個階段都有人告訴我要做什麼，以及該怎麼做。但未來不會再有這樣的事情，如果情況還是如此，那麼我們接到的指示很可能有錯。不可避免的，人們對現有體制的忠誠勢必會下降，組織也不再那麼照顧我們，反之亦然。因為大多數的契約期限都變得更短，部分原因是許多機構也不見得能夠持續存在，而我們待在其中的時間就更加短暫了。

愈來愈多社群是基於共同的興趣組成，而不是因為住在同一個地方或待在同一個機構所組成。基於興趣形成的社群比較有趣，比較像大學社團，但也比較不覺得需要為成員生活的其他層面負責。在社群外，每個人都需要自己照顧自己。今天的男女交往和婚姻關係似乎比較像擁有共同興趣的社群，而非共同分擔責任。所以當共同的興趣消逝，彼此的關係也不復存在。當社會普遍瀰漫不安全感時，每個人都必須自行找到安全的港灣。人生並非坦途。

本書不會涉足黨派政治的領域，也不會探討氣候變遷、歐盟的未來、中國崛起或伊斯蘭內部分裂之類的大問題。這些顯然都是重要議題，而且會對未來世代的生活帶來重大衝擊，但個人可以發揮的影響力相當有限。我必須坦承，這些主題也超出我的能力範圍。我和大家一樣，對這些問題有自己的看法，但我的看法並沒有比其他人的看法更有價值。例如，我可以說，氣候變遷的真正挑戰在於，面對已經無法逆轉的情況（即使我們或許能減緩氣候變遷的速度），我們應該如何正確調適。我可以預測，大多數人最後會住在像新加坡這種有空調的城市裡，而且就像我當年一樣，逐漸喜歡這種生活方式。但我知道學識更淵博的專家會說，我太悲觀了，他們或許是對的。我可以預測歐洲最後會由最初的六個會員國組成一個內部聯邦，外圍則是眾多民族國家組成的聯盟；但我也可能說錯了。我可以預測中國最後終將走向聯邦制，有個小而強的中心和許多自治區；但即使我是對的，我除了觀察結果之外，也沒辦法做什麼。至於伊斯蘭的問題，我唯有持續關注、憂心，並反思當宗教與部族密不可分時，就可能如病毒般蔓延。但是，即使把這些重大議題放一邊，光是那些我們多少還能發揮點影響力的事情，挑戰就已經夠多了。

每日駐足省思

本書乃是探討這些挑戰的文章集錦，而且都是一些短文。我過去定期為英國廣播公司（BBC）晨間節目《今天》（*Today*）的〈今日思考〉（Thought for The Day）單元撰稿和廣播，從中學到很多。比方說，我學到無論對聽眾或撰稿者而言，簡潔都能令我們更加專注。〈今日思考〉單元播出的時間只有兩分四十五秒，內容不能超過四百五十個英文字，這並不容易。我總是希望能有更充裕的時間說更多的事，但這些簡潔扼要的「思考」恰好很適合現今講究輕薄短小的世界。廣播或許還容許我們兩分多鐘不受干擾，電視每二十秒就需要切換新畫面，推特（Twitter）更限定貼文不能超過一百四十個英文字母。

我現在會閱讀文章和報導的提要，只在需要時才深入閱讀文章的主要內容。我的書房中有成堆的書籍，當初購買這些書的時候，都誠心希望能好好鑽研，直到有一天才醒悟到這個願望不會有實現的一天。書架上堆到快滿出來的書，比較像在展示當初的誠意。如今我改為閱讀週日報紙的新書評論，和自己開玩笑說，如此一來，我就不需要買實體書了，或即使買了書，也不需要讀。過去在規畫自己的作品時，我總是希望內容可以簡潔到在倫敦到洛杉磯的飛行旅途中就可以讀完。我認為唯有在這種時候，讀者才能不受干擾的把書讀完。但如今連飛機上都有電話可打，還有無所不在的智慧型手機和iPhone，安靜的時刻愈來愈少了。

所以，如果我希望許多忙碌的人能抽空讀我的書，我得寫得更簡短，或至少應該把個別章節縮短才行。我很大方的容許本書每一章容納多達三千個英文字，共十六章。雖然對一本書來說，這樣的篇幅稍嫌簡短，但我希望已足以讓讀者暫時駐足省思。為了簡潔起見，我必須避免詳述細節，聚焦於關鍵原則。這樣做有好有壞。在這本書中，我一方面引用其他人的研究，同時也以自己的人生經驗為例，因此有更多個人色彩，而非權威性，但也變得更有趣。我從BBC〈今日思考〉單元學到的另一課就是故事很有用，這是指能傳達訊息的故事，也就是現代寓言。

我自認是個沒有特殊專業的社會哲學家，哲學家通常只提出問題，而不是提供確切的答案。因此，這本書不會提供解決方法。我會提出挑戰性的建議，意在邀請讀者跳脫平日熟悉的範圍，大膽思考。但我不會假裝自己知道每一種情境的第二曲線應該長什麼樣子。有時候單單問題本身就非常重要（更遑論答案了），不應留待專家提問，因為專家們總是見樹不見林，太過專注細節，而忽略即將來臨的大改變。我知道，有些章節也許比其他章節更符合讀者當前的興趣，因此這不是一本必須按部就班從頭讀到尾的書籍，讀者可以依閱讀時的喜好各取所需。熟悉我以往作品的讀者可能會注意到，書中不時會重覆一些過去的概念和比喻，包括第二曲線的觀念。二十五年前，這些簡練的觀念讓我很受用；如今，隨著物換星移而重新組合詮釋後，希望它們仍能為當今的困境指點迷津。

為年輕世代而作

人生度過八十寒暑後，回首以往，我不禁納悶，至少在人生頭三十年中，我為何很少質疑英國或其他國家事情運作的方式，只是一味假定既然一向如此，那麼應該就是這樣了；畢竟當權者自然知道自己在做什麼，而且他們身邊不乏能人策士，如今我清醒多了。雖然我見過的青少年多半令我印象深刻，但我懷疑，對於未來要面對的世界，或在決定人生走向時實際會碰到的問題，他們掌握的資訊會比我多。我希望鼓勵他們挑戰現狀，質疑傳統智慧，大膽塑造自己的人生。我敦促他們的長輩也能跳脫平日忙碌的生活，退一步，好好思考未來的方向。

當年在溫莎古堡（Windsor Castle）主辦聚會時，我們有個宗旨是利用週末時間，讓英國的意見領袖（政商軍界及各行各業的頂尖人才）共聚一堂，幫助他們聚焦於社會面對的倫理道德問題。這群人以及他們討論的內容都非常有趣。但我發現他們更急於推銷自己的想法，而不是聆聽別人的想法，遑論改變思維。當時在會議中沒有討論到第二曲線的問題，因此我們決定增加另一組討論者，邀請下一代剛崛起的新星來參加。新世代無需捍衛既定的立場，因此更願意聆聽和思考不同的觀點。至少對我而言，他們提出的未來情境更令人振奮。希望有一天輪到他們坐上有影響力的位子時，會回想起在溫莎古堡的對話。

我也許太樂觀了。民主社會的變動節奏有如冰河，計算的基準是世代，而不是年分。政府或許通常都知道該做什麼，只是不知道做完之後如何才能連任。溫莎聚會提出的某些建議，以及本書的許多提議，都需要靠獨裁者才能推動實施，或至少只能寄望迫不及待想推動改革、而且對如何改革早有構想的年輕世代。民主政府唯有在知道民眾會普遍接受改革時，才會推動改革。結果，變革的方向往往不是由國會決定，而是在國會之外決定；簡而言之，是由像你我這樣的人民決定的。

因此，本書是為新一代而寫。希望這本書能點燃他們的好奇心，激發他們的想像力，鼓勵朋友和同僚之間的討論。經濟學家凱因斯（John Maynard Keynes）曾說：「我相信，和思想觀念潛移默化的力量相比，既得利益的力量被過度誇大了。」休謨（David Hume）也說過，真理來自於朋友之間的爭辯。前述兩種說法我都同意。我最開心的莫過於晚間和三五好友圍坐餐桌旁，在好酒相伴下展開辯論。透過彼此間的交流，改變對世界的看法。如果這本小書也能刺激更多這類對話，我就心滿意足了。不過我的目的僅是刺激思考，而非提供處方，因為我很清楚，魔鬼藏在細節中，而其他人知道的細節絕對比我多很多。

第一章

第二曲線

什麼是第二曲線？
如何找到第二曲線？

想一想，從許多方面來看，我真是個顧人怨的老公，主要是因為在工作剛漸入佳境時，就想要換工作。在殼牌公司（shell）工作十年後，公司派我去一個小國擔任經理，這是擔當重任的第一步。我卻在此時打定主意，自認不適合擔任石油公司的高階主管，寧可教導別的經理人，而不是親自上陣當個主管。所謂「能者做，不能者教」，這句老話或許可以套用在我身上。於是我決定拒絕公司的派任，並提出辭呈，殼牌公司大感訝異，也大失所望。

經過兩年的自我調整和再培訓之後，我進入倫敦商學院任教：六年後，我已經升為正教授，出版生平第一部著作，也拿到終身職的聖杯，確保退休前都不會失業，我卻覺得這不是我真正想做的事情，我想把所有時間都拿來寫作。在這段期間，我又花了四年做另外一份工作，然後才鼓起勇氣，完全切斷和組織之間的臍帶。唯有到這個時候，我才真正覺得成為自己的主人。

時機就是這麼剛好，否則我差一點就要淪落到大衛酒館（Davy's Bar）。

錯過通往未來的轉折點

這些年來，我一再述說通往大衛酒館那條路的故事，故事的意象和意涵時時在我腦中盤旋不去。以下描述的都是當年的情景，因為今天那裡已經看不到大衛酒館了。

有一天，我開車穿越都柏林郊區光禿但美麗的威克婁山脈（Wicklow Mountains）時迷了路。看到有名男子在遛狗，我就把車停下來問路，請他指點我哪條路可以通往亞沃卡（Avoca）。他說：「沒問題，很簡單，直直往山上走，然後再往山下開一英里路左右，就會抵達河邊，河上有一座橋；你會看到對岸的大衛酒館。你一定看得到，因為那是鮮紅色的建築。明白嗎？」「大概明白吧！」我說：「反正就上山、下山，然後就會看到大衛酒館。」「很好。但在距酒館還有半英里路的地方，你得右轉上山，這樣才會抵達亞沃卡。」

我向他道謝，驅車離去，當時還沒察覺他指點方向時的愛爾蘭邏輯有點奇怪。但是，直到後來我開始探討第二曲線的挑戰時，他傳達的訊息仍然深印在我腦海裡。我們常常在不知不覺間錯過右轉上山的那條路，渾然不知那才是我們該選擇的道路。我見過太多組織（和太多人）由於停駐在大衛酒館，而錯過通往未來的轉折點，等到察覺時已經太遲了，只能在悔恨中回顧過往，懊惱的借酒澆愁，懷念舊時美好時光。

我在職涯中也曾多次不經意的驅車上山，在尚未抵達類似大衛酒館的地方，就在山頭轉向。等到我畫出職涯發展曲線之後，上下起伏的生涯發展軌道所蘊含的意義開始浮現，從此以後，我對變動和未來的想法就深受這些曲線影響。所謂S曲線的概念其實是個隱喻，隱喻是幫助我們理解事情的好工具，千萬不要因為隱喻在科學上不夠嚴謹，就嗤之以鼻。隱喻是簡練的概念，雖然細節不夠明確，卻能出奇不意的說明我們對事情的看法。本書也將出現許多隱喻。

西格瑪曲線（sigmoid curve）是一條橫躺著的S型曲線，形狀如圖1。

S曲線是一種數學概念，也是許多人熟悉的隱喻。當我們說「學習曲線」或「走在（曲線）前端」時，也是指這種曲線。許多企業更用這樣的概念來預測未來。但大家不明白的是，S曲線的涵義不只如此。S曲線也可以說明我們的人生，以及組織、企業、政府、帝國與同盟、民主制度與相關機構的發展歷程。在每個案例中，最初都會有個投入階段，無論是財務上的投資或教育上的投資（如果指的是我們的人生），或嘗試和實驗的時期。在這個階段，投入會大於產出，S曲線這時乃是直線滑落，付出多於收穫。然後，等到產出提升，成果開始顯現，可以看到

圖1

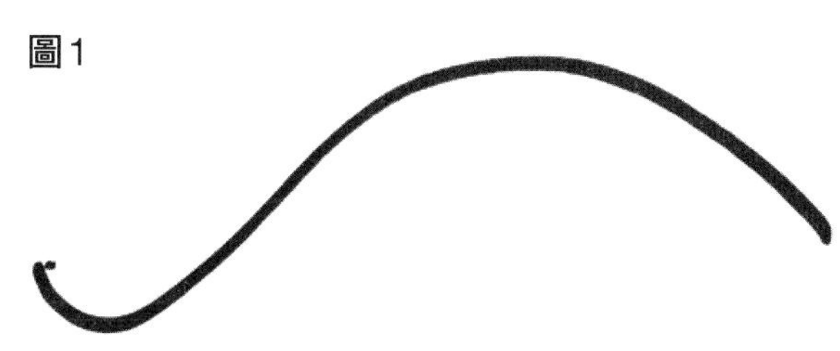

些微進展，曲線也開始上揚。如果一切順利，曲線將持續向上爬升，但不可避免的，曲線終會觸及頂峰，開始下滑。下滑的時間可能拖延很久，但到頭來終究灰飛煙滅。

我們似乎無法掙脫S曲線，唯一的變數是曲線的長度。羅馬帝國延續四百年之後，終究走到生命終點。其他帝國還不到四百年就開始衰落，大英帝國就是如此，美國必然也會走上相同命運。政府和獨裁政權最後都會過了賞味期。過去的企業平均都能維持四十年的壽命，然後才步上衰亡或遭到併購，如今企業平均壽命卻縮短為僅僅十四年。儘管人類拚命把自己的生命曲線延長到九十歲以上，企業的生命曲線速度卻似乎在加快。不過，最終大家都逃不過灰飛煙滅，前景令人沮喪。

但事情不見得一定如此，總是有可能出現圖2這種第二曲線。

為成功所蒙蔽

你或許心想，這道理很明顯。但最糟糕而致命的關卡在於，必須在第一條曲線尚未觸頂時，就展開第二曲線。唯有如此，才能掌握充足的資源（金錢、時間和精力），熬過第二曲線剛開始的滑落，也就是投入的階段。如果你打算等到第一曲線到達巔峰後才開展第二曲線，由於那時第一曲線已經開始走下坡，那麼無論在理論上或現實中，都一定行不通；除非你強力扭轉，否則第二曲線絕對無法爬升到一定高度。問題是，你怎麼曉得第一曲線什麼時候快到達頂峰呢？就心理層面來看，在其他條件

圖2

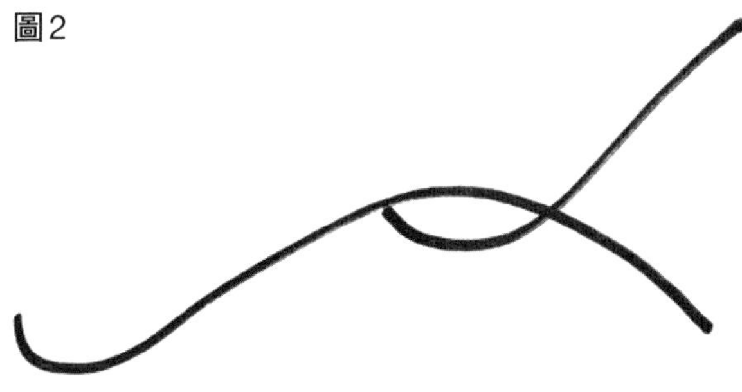

不變的情況下，當一切都很順利時，我們自然預期情況會持續下去。既然今天是如此的成功，我們怎麼不會預測未來也同樣成功呢？成功往往會遮蔽我們的雙眼，掃除我們心頭的疑慮，不斷自我強化。唯有當事過境遷，回顧過往之時，我們才會恍然大悟，說道：「對啊，那時候正是我們的巔峰時期，當時早就該開始思考新方向。」不幸的是，後見之明往往為時已晚。

我們可能受到第一曲線的成功所蒙蔽，沒有看到新科技或新市場帶來的種種機會，而讓其他人搶得先機。哈佛商學院教授克雷頓．克里斯汀生（Clayton Christensen）用許多例子說明這是破壞式創新常碰到的問題，例如柯達公司長期漠視數位攝影技術可能創造的新機會，等到圈外人大舉入侵，代替柯達開創出第二曲線時，柯達悔之已晚。新科技每天都提供開創第二曲線的新契機。無論對教育界、健康醫療產業、企業或政府而言，如何看清機會並掌握機會，都是重要的策略新挑戰。

然而當收入、生產力或聲譽都下滑時，通常難以孕育新想法。失業過的人都記得，要重振信心與活力是多麼困難的事，更別提還要籌足必要資金，投入潛在風險極高的事業了。不只是個人，對政府來說，這都是難題，這也是為什麼凱因斯提到：「在經濟蕭條時，應該以擴大投資來振衰起敝」，這樣的忠告在直覺上會這麼難執行。在資金短缺時還要花更多錢，完全違反直覺。所以時局不佳時，極難落實第二曲線思維。在企業界，這可能意味著你必須和自己競爭，甚至需要將既有產品砍掉重練。所以，公司應該趁景氣還不錯、營運尚未走下坡時，就開始規畫第二曲線。

不容諱言，有些機構和個人的確從下滑的第一曲線中奮力攀上第二曲線，但他們為了逆勢攀升費了很大的力氣，也付出極高的代價。對組織而言，這意味著他們得大刀闊斧的裁員和削減開支，進行重組，這往往會導致高層更替，而且最痛苦的是，需要拋棄部分重要的產品和市場。就實務上而言，唯有讓另一家沒那麼多顧慮的企業操刀執行必要的手術，才可能成功。私募股權公司在重整收購的公司時，往往主張唯有如此才能找到第二曲線。

回顧我的職業生涯，我發現我在不知不覺間在對的時間做了對的事情。每一回都在事業發展尚未達到巔峰時辭去工作。投入新學習階段的前幾年，從財務面看來，新曲線呈下滑趨勢，後來才再度起飛，達到巔峰。我猜想我的職業生涯曲線在未來還是會出現起伏。許多人一生中都有過類似經歷，從一份工作轉換到另一份工作，不知不覺踏上S型曲線，但第二曲線的思維並非只限於個人生涯規畫。

第二曲線大師

從各方面來看，賈伯斯（Steve Jobs）都是很難共事的人，但他是擅於駕駁第二曲線的大師。早在麥金塔電腦尚未成功時，賈伯斯和他的創意團隊就已經計畫靠iPod打入音樂市場。等到iPod開始主導市場時，賈伯斯已經開始設計iPhone，在截然不同的領域推出新產品。一旦iPhone開始成功，蘋果公司隨即推出iPad。每一條曲線都在上一條曲線尚未攀上頂峰時就開始醞釀。每一條新曲線都脫胎自上一條曲線，但又跨足截然不同的市場。這種做法表面上冒了極大的風險，但對賈伯斯而言，這是符合邏輯的新曲線。今天，蘋果的產品似乎形成緊密連結的大家族，但原本不必然如此，也十分難以預料。蘋果會不會持續這種第二曲線的思維？時間會說明一切，因為第二曲線的想法並非唾手可得，必須具備想像力、直覺和本能，而非理性分析。當所有訊號和周遭每個人都告訴你不需要這麼做時，你必須仍有足夠的膽識踏入未知領域，才能實踐第二曲線的思維。

再看看其他領域。曼聯足球俱樂部的傳奇經理亞歷克斯．佛格森（Alex Ferguson）往往在現有頂尖球員尚在巔峰時，就開始審慎引進優秀的新人，不惜因此偶爾流失寶刀未老的球星。可惜的是，在打造第二曲線的未來時，很難讓開創第一曲線的功臣繼續效力。最顯而易見的解決辦法是，在組織的第二曲線尚未建立之前，先協助功臣開創自己的第二曲線。時機決定一切；佛格森能長期成功的主因就是，他能掌握啟動第二曲線的正確時機。雖然他應該不曉得第二曲線的概念，但若非能成功駕馭S曲線，不可能將曼聯隊推升到巔峰，並且穩坐泰山二十七年。正如同莫里哀（Molière）筆下的汝爾丹先生（Monsieur Jourdain）發現，原來自己四十年來都在寫散文，只是自己渾然不知，許多人雖然沒有S曲線的概念，卻能成功改造自我和組織。回頭來看，悲哀的是佛格森最後還是失敗了。他在曼聯隊達到頂峰後才辭職，讓繼任者在第一曲線開始走下坡後，才著手打造新曲線。倘若佛格森提早兩年離開，由於當時曼聯隊還衝勁十足，新領導人或許能有充裕的時間建立公信力，並有機會開展新曲線。

何時開展第二曲線？

我參加本地聚會時曾碰到一名男子，他的故事和前面諸多例子是很好的對照。我在熱鬧的聚會中，看到他獨自一人站在角落。他顯然年紀很大，看起來有些茫然，所以我走過去和他談話。我問他：「你在這兒住了很久嗎？」「是啊！」他回答，雖然我沒有問他年紀多大，不過他接著補了一句：「你知道，我已經九十三歲了。」「喔？」我說：「那你這一生一定很精彩，跟我說說你的故事。」

「戰爭爆發時，我才十九歲。我想從軍，但是他們說我的肺不好，必須從事工業生產。他們提出兩家工廠讓我選，一家在泰晤士河北邊，另一家在南邊。因為我住在北部，所以我選了北邊的工廠。我在那裡待了整整四十年，期間升了兩級。退休後，我搬來這裡住。」

「然後呢？」我鼓勵他說下去。「就這樣了。」他說。沉吟半晌後，他說：

「有時候，我覺得這一生應該可以做更多的事情。」

他的前半生還算成功，但接下來卻漸漸走下坡，最後終於為人所遺忘。這也沒什麼不對，只不過原本可以有所不同。為什麼這個故事聽來如此熟悉？為什麼我忍不住想到許多認識的人花了多年時間累積資歷，如今看來卻無足輕重。還有許多企業和機構都沒能找到最佳途徑，通往不一樣的未來。他們安於既有的一切，緊抓住逝去的過往不放，面朝著過去，倒退著走入未來，結果只落得在大衛酒館喝酒緬懷往事。

難怪在個人的人生或組織的生命歷程中，都極少見到第二曲線的思維和行動。有時候我們需要觸發器。企業或許會從毛利縮減或市占率下降中察覺需要新思維。運動員知道運動生命有年齡限制，而且說來不公平，年限很早就來臨，因此通常都在自己還炙手可熱時，就開始新的生涯規畫。維根橄欖球隊（Wigan rugby league club）的經理曾經告訴我，他面臨的最大問題是如何說服正值巔峰、體格強健的二十五歲運動員，在三、四年內重新訓練自己過另外一種生活。

對某些人來說，退休、裁員、離婚都是可能的觸發器，但等到事情發生時才改變，很可能為時已晚。有時候，導火線是成功之後的厭倦，只因為曾經有過如此的輝煌。古典音樂家安德烈・普列文（André Previn）年輕時在好萊塢非常成功，創作出許多電影配樂，後來他放棄一切轉赴英國，專心指揮樂團演出。他說，有一天早上醒來後，他想到當天該做的事，竟然絲毫不覺胃痛，於是他知道該是離開的時候了。

對企業而言，觸發器可能是收購的威脅。對政治人物而言，在野時期幾乎等於長期休假，是思考第二曲線的好時機。能讓我們暫時脫離舒適圈的任何事情都不啻在提醒我們，我們習慣的過往不見得能引領我們走向最好的未來。高階主管應該更常休假或暫調到不同的環境。強生博士（Dr. Johnson）曾說，當你置身於國外，可以把自己的國家看得更清楚。組織尤其以克服萬難、堅持到底為己任，不願走入生命終點。美國管理學者柯林斯很實用的列出組織沿著第一曲線的滑坡逐步衰敗的五個階段，克里斯汀生稱之為「科技土石流」。首先是攀上曲線巔峰時成功帶來的傲慢自負；接著是不知節制，不斷追求更多，罔顧風險；之後又病急亂投醫；終於放棄掙扎；最後變得無足輕重或走向敗亡。看到那麼多組織循序漸進的走上柯林斯的衰敗五階段，真是既悲哀又耐人尋味。因為很多企業往往不斷壓低成本，重覆做同樣的事，結果創新的資源變得更加匱乏，因而走上衰敗。

自我救贖的大好良機

我在這本書裡提出的主張是，許多傳統的做事方式都需要引進第二曲線思維，包括資本主義、經濟發展與經濟評量指標、教育、工作與安排工作的方式、婚姻與家庭、民主與政府等。我既不打算、也沒有能力詳細預測這些領域的下一波曲線應該是什麼面貌。唯有目前正置身於第一曲線、或可能開啟第二曲線的人，才有可能這麼做。我的目的只是提出挑戰和質疑，或是偶爾也提點建議或挑釁一下。我希望我的兒孫輩未來生活在與今天不同的世界，希望他們能生活在更美好的世界。假如我的建議無禮又欠缺考慮，或十分危險，那就更好了。如果這本書的概念能激發同事和朋友間的論辯，或能促使某些人開始思考第二曲線，我會感到非常欣慰。愛爾蘭人說：「在我聽到自己說的話之前，我怎麼會知道自己在想什麼？」

剛起步的人不妨思考下列問題：

二〇〇七至二〇一〇年的金融危機不只破壞全球經濟，也迫使許多人重新思考人生的優先順序，省思自己過著怎樣的生活，生命的意義何在。組織，尤其是企業組織，也應該開始重新檢視原本的假設，質疑在不確定的世界裡，是否還需要把企業規模看得如此重要。某些企業是否真的大到不能倒，只因為他們一旦倒下，很可能造成巨大損害？成長得更好，是不是比一味追求規模更大來得明智？是否只因經濟規模非常重要，就必須擁有一切？能否透過非競爭性的聯盟，達到相同的經濟規模？如此一來，我們應該如何管理和監督這類聯盟？

金錢的力量是否變得過於強大？假如臉書可以自行籌資一百九十億美元來買下可能的競爭對手，假如谷歌能運用自家財富來壟斷所有人工智慧專家，我們是不是需要一位像羅斯福（Teddy Roosevelt）一樣的現代反托拉斯能手？在數位新世界裡，金錢能反映出真正的價值嗎？在民主政治中，我們應該放任金錢影響選民嗎？如果不能的話，打選戰的錢又要從哪裡來呢？新的時代有新的問題，而舊的藥方早已無效。

今天的年輕世代可能不重視體制，不願將自己的才華和時間賣給無情的企業。那麼仍然需要優秀人才的組織要如何吸引這些年輕人呢？我們的社會應該如何協助年輕人做好準備，讓他們能自給自足的生活在這樣的世界？學校能幫年輕人做好在體制外生活的準備嗎？家庭是否仍是社會的基石，還是家庭結構也已經日益崩解，演變為比較鬆散的關係？電子郵件、Skype、臉書和推特真的有辦法彌補實質的人際關係連結嗎？你真的能信任從來不曾見過、可能也永遠不會碰面的人嗎？

還有一連串的問題：我們究竟要靠什麼來凝聚社會？我們會不會逐漸瓦解為不同的宗教和種族？除了戰爭或追求經濟成長，我們還有沒有更好的方式讓舉國上下團結一心？更大的問題是過去的哲學難題：無論個人或社會，我們究竟為了什麼而努力？追求經濟成長就必須自私自利嗎？我們能不能找到更好的成功衡量指標？利他和關心別人，也就是亞當斯密（Adam Smith）所說的同情心，原本就是人類天性的一部分嗎？抑或需要透過學習才能得到？

不過，新思維並非當權者的強項。他們往往固守舊習，對於第一曲線過於執著，以至於難以想像還有其他可能的蹊徑。我們應該從自己開始啟動新思維。我確信每個人都能為自己與周遭的人（尤其是家人）的人生、為所屬的組織、生活的社區，甚至國家帶來改變。我們錯在過度謙遜，一心一意相信當權者最清楚該怎麼做。我過去也這麼認為，直到我有機會教導其中一些人後，我才明白，其實他們泰半都和你我一樣平凡。

如果我們想看到社會變得更美好，就必須從自己做起，從自己的人生開始。第二曲線是我們彌補第一曲線所有缺失的良機，我們可以藉此得到救贖，向世人宣告：我們已經從過去學得教訓，並且將創造出更美好的未來。

第二章
DIY社會

科技改變了世界嗎？
世界會因此變得更好，還是更糟？

西元一四五〇年左右，金匠古騰堡（Johannes Gutenberg）經過多年實驗後，找到在印刷機上使用金屬活字的方法。以往仰賴手工印刷，每天只能複製幾頁文字，如今一部印刷機每天就可以印出三千六百頁。幾十年內，歐洲各地的人民都能在家中，以自己的語言閱讀聖經和其他作品。這樣一個簡單的事實就改變社會結構。從此老百姓不必再事事聽從教士和當權者等懂得閱讀的人怎麼說，可以自己拿定主意。古騰堡並沒有試圖改變社會，他只不過為自己的小生意增添第二曲線，結果印刷術的影響如漣漪般擴散，幾個世代後，各地人民都十分感恩新技術帶來新的思想自由。

約翰・諾頓（John Naughton）在《從古騰堡到祖克柏》（*From Gutenberg to Zuckerberg*）中指出，當時誰會想到，古騰堡的發明不但打擊天主教會的權威，還觸發宗教改革，催生現代科學，創造出嶄新的社會階級和職業，甚至改變我們對童年的觀念。感覺似乎太不可思議，德國美因茲邦（Mainz）的新科技竟然會引發如此巨大的轉變，但許多人確實覺得人生的基石崩潰瓦解，畢竟，當權者通常都不喜歡改變。

五百年後，同樣的情形再度發生。網路誕生之初是為了促進美國國防部的內部溝通，是局部的第二曲線。位於瑞士的歐洲核子研究組織（CERN）當初滿腹狐疑的啟用全球資訊網（World Wide Web），只是為了整合內部電話通訊錄，但全球資訊網創始人、有「現代古騰堡」之稱的提姆．柏納李（Tim Berners-Lee）始終胸懷壯志，儘管同事告訴他，取了這樣的名字注定不會流行起來。不過在柏納李眼中，網路是連結世界的方式，能讓人人擁有分享和選擇的自由。免費網路是柏納李願景中不可或缺的要素，是他送給充滿懷疑的世界的一份禮物。我們簡直難以想像網路誕生迄今只有幾十年。今天科技散播的速度比十五世紀快多了，然而人類面臨的挑戰和困境和過去並無二致。

中間人消失

電腦、網路與額外衍生的其他科技就和古騰堡的發明一樣，雖賦予我們自由，卻也帶來後遺症。其中一個後遺症是，就像新開闢的道路不再經過原本的市鎮，個人掌握新自由之後，也會繞過商業和社會結構中的中間階層，令組織陷入困境。

一九九二年，我應邀到英國書商協會的年會中演講。當時英國書商十分擔心美國連鎖書店博德斯（Borders）進軍英國書市。我告訴他們，真正的敵人不是其他書店，而是網站。但當時除了電腦界人士之外，大家對網路的概念十分陌生。對與會者而言，最大的競爭對手是網站而非書店的說法，有點像科幻小說的情節；但歷史的發展很快讓它成真。跟隨著亞馬遜網路書店的腳步，網路書店紛紛冒出，讓消費者得以繞過傳統商務通路買書，傳統書商只得辛苦掙扎求生。

隨著中間階層逐漸消失，許多工作和生活方式也消失了。這個例子也告訴我們，許多產業的下一波變動不會來自產業內部，而是來自截然不同的方向，突然之間不知從哪裡竄出來。如果你正在規畫產業的未來，一定會覺得很可怕。

電腦和人搶工作

同時，許多人類的例行工作都逐漸由電腦代勞（包括過去由中階主管負責的查核工作），也弱化許多組織的核心功能。電腦功能日益複雜，資訊處理能力愈來愈強大，能比人類更快速而準確的分析所謂的「大數據」。今天的電腦能比任何人類專家更有效率的偵測出安全系統遭到入侵，或是識破詐騙，甚至可以診斷疾病。法律事務所中許多單調乏味的工作都可以交由電腦處理，公部門許多例行工作也都需要電腦化。英國牛津大學的研究人員指出，未來二十年，今天的工作有四七%將被電腦取代；麥肯錫全球研究院（McKinsey Global Institute）也指出，未來十年內，電腦將取代其中的兩億五千萬份工作。等到你閱讀這本書時，這個數字很可能又過時了。

那麼這兩億五千萬份工作將被什麼取代呢？柯達公司在巔峰時期雇用十四萬五千名員工。臉書只雇用六千人，而臉書花十億美元買下的Instagram只有十三名員工。兩年後，臉書又花一百九十億美元買下WhatsApp。WhatsApp只有五十五名員工，但顧客人數高達五十萬，而且還在持續成長。早期當科技汰舊換新時，很快就會出現新工作來取代被淘汰的舊工作。當工作從工廠轉移到辦公室時，紡織工廠的女工可以重新受訓變成打字員。但這一回，新工作不但和過去截然不同，而且大部分的工作根本還不存在。那麼，我們要怎麼辦呢？

網路賦予個人力量

這是個壞消息，而且聽起來一點也不自由。好消息是，如今人人都可以利用自己所擁有的力量，另闢蹊徑，好好管理自己的人生。今天的社會已經變成自助型經濟。我們不但在網路上買書，如果我們想要寫書，也可以自行出版。我們不再需要去實體銀行領錢，我們甚至只要設立一個群眾募資網站，就可以開創自己的銀行。全世界最大的群眾募資網站之一Kickstarter創立於二〇〇九年，並於二〇一二年在英國開辦。假如你願意承擔風險，你甚至可以啟用自己的貨幣。比特幣（Bitcoin）、點點幣（Peercoin）和質數幣（Primecoin）都是在網路上存在的限量虛擬貨幣，它們的價值取決於需求，雖然幾家早期的英國比特幣交易所很快就面臨風險的考驗。你也可以透過點對點（peer-to-peer）網路借貸平台，自己扮演銀行家。

此外，你不再需要離家上大學。頂尖大學紛紛提供免費線上課程，加上富於想像力的視訊練習，只要你夠用功，就可以規畫取得學位。英國開放大學（Open University）早已證明，只要學生有紀律，遠距教學也有很好的學習效果。你還可以選擇科目辦學開課，自己設計教材，宣傳課程，在網上教學。內人就設計攝影課程，並透過網路開班，讓幸運兒修課。有了Apple Watch，你可以自行監測健康狀況，診斷疾病，同時還可以知道現在的時間。你幾乎不必花錢就能下載最喜歡的音樂，但你也可以和別人分享自己的音樂創作，幾乎也是免費。或是你也可以開始經營旅館，利用Airbnb網站出租家中多餘的房間。拍賣網站eBay孕育出數十萬名虛擬貿易商，在網站上買賣東西。

你身為顧客時所做的任何事情，現在都可以自行扮演供應商，有興趣的話，你甚至可以設計自己的電腦遊戲。在新興的「共享經濟」中，你可以出售車子的一張座椅、家中的一餐飯、屋外的車位、自行車的貸款，甚至和小狗共度的時光，以及提供其他無數服務。這種新流行再度提供中間階層消失的例證，每個人都可以繞過先前提供服務的供應商，自行在網路上把事情搞定。在某些情況下，這是一筆大生意。截至二〇一四年四月為止，投資人對Airbnb的市值預估高達百億美元，超越凱悅大飯店（Hyatt）或洲際酒店集團（InterContinental Hotel Group），而出租多餘房間的屋主，每人在二〇一三年平均賺到七千五百三十美元。拜網路之賜，如今創業的成本變得微不足道，新創的數位公司因而多如繁星，只是許多注定難逃失敗厄運。時間會證明一切，但是這些新事業或新服務即使真的成功了，能否創造許多就業機會卻令人懷疑。大多數仍然只是把嗜好當生意，多賺些零用錢罷了。

在這股以租代買的新熱潮中，某些原本可能遭到淘汰的公司嗅到空氣中的變化，開始有樣學樣。於是，家得寶（Home Depot）除了銷售工具，也開始出租工具；戴姆勒（Daimler）計時（或計分）出租智慧型汽車；通用汽車（General

Motors）則投資汽車共享公司Relay Rides。由於倫敦房價節節上升，迫使許多屋主變成房東。這個現象是不是新曲線的開端呢？所有權是否已變得太過昂貴，包袱過於沉重，以至於難以變動？租賃式經濟是否已經成為新第二曲線的一部分呢？想想看，租賃方式具有更高的彈性。假如你什麼都租得到，都可以在短暫使用後拋開，那麼我們何必用固定資產綁死自己呢？

DIY經濟興起

無論喜不喜歡，我們都被迫跨入DIY經濟。多年前，我還是殼牌石油行銷部門的菜鳥時，曾經參與討論是否要將新型幫浦引進加油站，讓顧客可以自行用幫浦加油。當時汽車駕駛人都仰賴加油站的服務人員幫忙加油。有的人說：「顧客絕對不可能接受這種做法，沒有人想弄髒自己的手。」其他人說：「除非我們提供很大的折扣。」可是，他們都錯了。大家都很喜歡新幫浦。顧客再也不需要百無聊賴的等待服務人員把油加滿，還得找話和他們聊，甚至給他們小費。我們成功的把工作外包給顧客。當然，超級市場早就這麼做了。其他產業很快就會有樣學樣。聯邦快遞（**Fedex**）要顧客裝好交寄的文件；航空公司要求你用自己的（而不是他們的）墨水和紙張來列印登機證，假如你沒有這麼做，瑞安航空公司（**Ryanair**）甚至會罰錢。我們都飽受供應商剝削，但我們其實樂在其中，因為我們也收回一些控制權。

如此一來，我們不但能掌控自己的事務，也省下不少錢。自己扮演律師的角色，提出離婚申請文件；自己賣房子；在小額債務法庭中為自己的案子辯護；這些都很值得，而且大半時候，我們都樂在其中。因此可以預期，外包的情形會愈來愈普遍。我們愈來愈常應要求扮演醫師和護士，負責照顧自己的健康。英國約克郡谷地的艾瑞戴爾醫院（Airedale General Hospital）服務周遭七百平方英里的二十萬人口，許多人住在偏鄉。然而艾瑞戴爾醫院仍然透過遠距醫療方式，提供全天候的即時醫療協助。他們在心臟病患和呼吸系統有問題的病患家中安裝網路攝影機和iPad，並與安全網路連結。透過監視器，病患無須走出家門，就能監測血液中的含氧量。病患很喜歡這種方式，因為他們可以掌控，同時又省下大筆開銷，參與這項計畫的病患到急診室看病的次數減少六〇%，住院次數也降低四五%。

由於目前的科技已經可以在病患發生心臟衰竭時提出警告，測量人們的心跳和呼吸速率，甚至告知走路的步伐有多快、走了多遠，以及肥胖的程度，因此，採取必要的治療或聯絡醫師（可能透過Skype或手機上的應用程式）的責任就落在個人頭上。所有這類DIY模式的缺點在於，自行掌控也意味著自己承擔責任。出問題時，很可能是自己的錯。我在前言中指出，負責是新興社會的特性。許多人很難適應今天的社會，因為在他們從小長大的社會中，保障個人安全、照顧人民福祉是社會的責任，因此每當事情出錯時，大家很容易就把矛頭指向其他人或其他事情。DIY型社會則恰好相反。除了自己，你沒辦法指控任何人。

自己負責

不管你覺得這樣是好是壞，當我們從原本已經逐漸成形的依賴型社會和無所不包的福利國家，轉型為比較強調個人獨立的社會時，仍然對許多人造成莫大震撼。比方說，我們必須為自己的財務規劃負更大的責任。我過去一直沒有思考過養老金的問題，等我想到時，幾乎為時已晚。幸好我的頭兩任雇主已經替我儲備養老金。然而今天除非你要求公司這麼做，否則大多數人都沒有這樣的福利，國家也無法替你收拾殘局。我在另一篇文章中指出，我們需要為自己的未來規劃財務。對許多人來說，這是一條嶄新的曲線。

當我還是年輕的窮光蛋時，什麼事情都自己來，因為親力親為可以不費分文，省下大把鈔票。我為房子刷油漆、種植蔬菜、修理門窗籬笆。雖然成果不見得都很理想，甚至不太好意思給別人看，但畢竟這是我的責任，我只得承受，並且告訴自己至少沒花什麼錢。我安慰自己，雖然阮囊羞澀，至少還可以自給自足。早期工業革命帶來的一個影響是許多家庭為了謀生，不得不遷移到離工廠較近的城鎮。離鄉背井之後，他們再也無法像過去那樣自給自足，手上的現金不如以往留得久，儘管工資提高，卻變得比過去更窮。

年復一年，隨著時光流逝，我們年紀漸長，也變得稍微有錢，於是我們雇人來做過去親力親為去做的事。有一段時間我們都在實踐那句名言：「富人的責任就是雇用工匠，如果工匠的表現不符期望，就加以譴責。」然而，雖然工作品質有所改善，國家GDP也提升，但感覺其實不太好。事實上，這正是已開發國家的經濟成長模式，將自家的活動納入正式經濟體系中，把過去不必花錢、親自處理的家務，不管是修理東西、照顧幼兒及老人、煮飯打掃、汽車維修、理財或娛樂，改為付錢請別人代勞。

如今有了科技襄助，許多工作又回歸家庭。高科技時代的DIY屬於資本密集工作：平板電視螢幕、為孩子設置的複雜監視系統、自動化的吸塵器等都很花錢，但確實讓家務不再那麼單調乏味。結果和早期的動向恰好相反。就業率稍稍降低，尤其是家庭雇傭人數減少了。資本財部門的情況或許有所改善，雖然許多商品都是進口商品。許多人回歸家庭，而不是出外打拚。當我們開始利用新興的DIY經濟和共享經濟中蘊藏的種種機會時，我們的家逐漸成為我們的工作基地。令人擔憂的是，即使我們在某種形式的組織中工作，我們也愈來愈少見到其他人，大家都只在手機或電腦螢幕上會面。

我將在下一章進一步探討DIY第二曲線中的這個層面，因為不管喜不喜歡，我們都得設法找到在曲線中爬升的途徑。幸好受影響最大的新世代恰好是熱中新科技的一代，所以未來應該還是一片大好。

第三章

新破壞

資訊革命將如何改變我們的生活？

內人的第一部攝影作品刻畫了我們的鄉間小村百年前的面貌和今天的對比，以及這裡的房子和居民。她取的書名是《景觀背後》（*Behind the View*），因為她希望顯示出，雖然小村百年來外表上好像沒什麼變化，但骨子裡其實改變很多。從我們的田間小屋望出去，景觀和百年前幾無二致，但地主不再親自耕耘這片田地，而是把田地外包。舊時的房子和小屋依然健在，只增加幾棟新房子，房子的名稱也依然是白楊木或某某農舍之類。不同的是住在屋裡的人，以及他們從事的職業。百年前，小村的七百位居民，人人都從事農耕相關工作。我們的小屋當時住著兩名農工和他們的家人。今天，住在這裡的人變成作家和攝影師。村子裡如今只剩下兩個農夫，沒有一個農工。居民每天通勤到外地工作，或在家工作。今天村裡依然有七百位居民，表面看來和舊時沒什麼兩樣，但關起門來，卻是截然不同的景象。

回頭來看，這是一次大破壞。即使在五十年前，都沒有人料到會出現這麼大的變化。好消息是：村子依然存在，甚至蓬勃發展，到頭來，人們終究還是會逐漸適應。只是在過程中，他們賴以維生、養家活口的工作改變了，例如農夫退場，作家進駐。如今我們正面臨新破壞。小村的景觀和房屋或許依然不變，但究竟會出現什麼新型態的工作，就只能猜測了。

祕密不再是祕密

二〇一一年，未來學家湯瑪斯．佛瑞（Thomas Frey）試著列出今天尚不存在、但將在未來出現的工作，包括負責將儲存數據裝置解體的廢棄資料管理員，還有都市農業家、虛擬互動的設計師、隱私管理員、奈米醫護人員，以及專門到全世界尋找可移植器官的器官經紀人。佛瑞總共列出五十五種可能在未來三十年出現的新工作。有些工作已經出現在生活周遭，例如非傳統貨幣銀行家；其他工作之後也將逐漸出現，即使未必完全符合佛瑞預測的樣貌。不過，值得注意的是，佛瑞列出的未來工作大都能由個人自行完成，不需要仰賴大公司，雖然工作者仍可能為大公司工作，或與大公司並肩合作。

我們需要關心的不只是新的工作型態，拜盧恰諾．弗洛里迪（Luciano Floridi）所謂的「資訊域」（infosphere）或其他人所謂的「資訊革命」之賜，我們安排工作與生活的方式也全盤改變。弗洛里迪任教於英國牛津大學，他有個有趣的職稱，叫做「哲學與資訊倫理教授」。這是重要的社會新曲線，對我們的整體影響將逐漸明朗。我們別無選擇，唯有順勢而行，同時也充滿信心，我們一如以往，終究會適應和生存。六十年前的愛爾蘭鄉間資訊貧乏，通訊困難。我們的電話號碼是Clane 6，可以看出當時根本沒幾個可以通電話的對象。那時候沒有電視，收音機訊號不穩，汽油很貴，汽車稀少，許多人仍然駕馭馬車或騎單車。在我看來，當時我們似乎還活在小說家珍．奧斯汀（Jane Austen）描繪的世界，那是一個自給自足的小天地。客氣的說，那是個沉悶的世界。

兩個世代後，我無法再抱怨生活平淡無聊。我們徜徉於資訊大海中，無論想和誰溝通，或是真的不想和誰溝通，都有無窮的機會可以辦到。人類記錄下來的所有知識都等著我們擷取，包括原本不容窺探的隱密資訊。每個人都有可能無所不知，也能和任何人聯絡。有任何問題時，第一個先搜尋谷歌和維基百科（wikipedia）。推特能讓我連結到最權威的朋友，我再也不能為自己的無知找藉口，其他人也一樣。我知道的事情，別人也都有辦法知道，我腦中想到的事，別人同樣想得到，缺的只是時間罷了。新的未來既刺激有趣，也教人畏怯。之所以叫人畏怯，是因為當資訊對所有人開放時，權力也重新分配，網路取代階級制度，政治不再是政客的專利，員工也變成自由工作者。這之所以刺激有趣，是因為它開啟更多連結，消除界限，鼓勵主動探索。在過去的組織裡，資訊不但限量流通，而且是封閉的，因此成為權力的來源，只有少數人能被允許擁有資訊。但是當資訊公開後，再也沒有機密可言，權力和權威也就消失不見。當祕密不再是祕密，組織結構和人際關係都陷入混亂。

或許終究還是這樣最好。讓機密資訊開放能促進信任。還記得有個組織曾做過一個實驗，要求大家估計同事的薪水，結果每個人都高估別人的薪水。所以他們決定公開每個人的薪資，以消除所有潛藏的不滿。開放的態度能讓組織得到解放，就好像在古騰堡的年代，當聖經開始自由流通，變成人人都能取得時，教士的權力自然瓦解。宗教終於為人人所有，而不是教士的專利。

但當年的教士面對印刷術的衝擊，並非毫不抵抗就束手就擒，現代的資訊監理者也是如此。在過去，宗教試圖利用宗教裁判所，重新取得控制。史諾登（Edward Snowdon）和其他駭客已經證明，世上真正的祕密所剩無幾，但當權派已經展開反擊，或許最後終究徒勞無功。然而，當過去不為人知的祕密真的曝光時，結果卻往往不如大家預料得那麼有衝擊。公開透明並不像外表看來的風險那麼高。

一場人人參與的混戰

另一方面，資訊域賦予我們的自由可能令人迷惑，也充滿挑戰。我閱讀電子郵件或推特的推文時，如果不認識發文者，就不知道他身在何處，或對方是男是女，或是否不止一人。匿名是流氓的保護傘，也是探險家的利器。我們現在可以隨心所欲，以任何身分和任何人通訊，四處探索，但如果我們過度放任自己自由實驗，或尺度大開的分享我們的私人世界，仍舊充滿潛在危險。難怪弗洛里迪教授的職稱包含對資訊倫理的研究，因為我們正踏入一場人人參與的混戰，是非對錯都有了新的定義。當權威不再，自我負責就變得更加重要。沒有人告訴你該怎麼辦時，關於人生的種種問題也更加混淆不清，我會在本書最後一章探討這個問題。

所有的社會運動都有個共通點，回顧過往時，總是比身歷其境更容易看清整體面貌和成效。十九世紀的工業革命直到一切塵埃落定後，才有「工業革命」之名。可以確定，當時新科技帶來的社會斷層與失序，今天幾乎必然再現。舊的權力結構遭到貶抑，新的權力結構雖然浮現，卻需要假以時日才足以擔綱大任。當我們忙著適應新科技和新工作型態時，生產力會暫時滑落。這種現象稱為「梭羅效應」（Solow effect），因為經濟學家梭羅（Robert Solow）是最先注意到這種現象的人。在大多數已開發社會中已經可以看到種種跡象：工作被重新分配到更小的單位，起初生產力會下滑，需要花一段時間來適應和成長。可以確定的是，舊的解決方案再也行不通了，舊的組織結構也大半就快要過時而不堪用。

弗洛里迪列出的新工作顯示，社會斷層會帶來新機會，但也會製造新問題。然而正如同過去的工業革命，新機會不太容易吸引到舊秩序中即將消失的中間階層受雇者。新工作會落在新人頭上，年輕人在成長階段學習到必要的新技能。同時，留給目前勞動力的大量舊工作都是科技可以輔助、但無法完全取代的工作，例如當愈來愈多老年人踏入逍遙度日的人生階段時，護理、醫療保健、社會工作、老人照護領域，或表演藝術、旅遊和娛樂業，都需要大量人力，這些工作若非需要豐富創造力，就是需要高度的個別關照。據估計，二〇二〇年之前，英國社會照護領域將多出兩百七十萬個新工作。好消息是，目前英國社會照護體系正提供七萬兩千個實習機會，而且大多數都已經有人擔任。挑戰在於如何善用新科技。在許多情況下，都需要為每一種職業創造第二曲線，儘管會面對重重關卡，引發各種抗拒。

事實上，建築、企管、廣告行銷、教學、輔導與仲裁，或瑜珈靜坐、手工藝、設計等領域，依然不乏工作機會；等到網路商店領悟到需要藉由實體商店來彌補網路的不足時，商場中依然會看到房地產仲介、旅行社和各式各樣的商店。

即使最後仍在網路上完成交易，一般人治裝時還是希望能先試穿，或親眼看到實際的洗碗機，或親自見到旅行社辦事人員，才決定要不要購買。我們的社會仍然會生產汽車、鑽探油井、栽種農作物、製造和包裝藥品，但在每一種情況中，其中包含資訊成分的多寡都成為造成差異的關鍵要素。當電腦和機器人接手處理大部分的例行工作和粗重工作時，人際關係技巧、管理能力和技術變得同等重要。我們將憑腦力和手指工作，而不是靠肌肉出賣勞力。

演算法接管我們的生活？

某些人最憂心忡忡的是，資訊域可能為我們做出許多選擇和決定，我們卻毫無置喙餘地，或根本渾然不知。電腦會變成我們的主人，而不是為我們所奴役。量子電腦成真時，將奪走許多目前仰賴人力的工作，以飛快的速度組織各類大數據，指導我們如何以最快捷又便宜的方式分析身體健康狀況，即時管理交通狀況和物流系統，或協助汽車自動駕駛。看不見的演算法逐漸接管我們生活的各個層面，你渾然不知這些數學公式的存在。看不見的電腦已經在偵測各種生活趨勢和品味，比我們還了解自己，決定我們吃什麼、穿什麼，甚至我們偏好什麼樣的伴侶。我們總是有辦法推翻他們的選擇，但在趕時間時，我們也很容易遵從亞馬遜網路書店的推薦。惰性是電腦的好朋友。

更慘的是，憑藉埋在地下的光纖電纜，可以偵測出方圓十英尺內最細微的動作。攝影機和看不見的電纜隨時都在追蹤我們的一舉一動，只是我們渾然不知。我們放在口袋裡的手機，其實就是一部高效能電腦，記下我們說出和寫下的字字句句，也記錄我們的通訊對象，以及我們在哪裡傳送訊息。法律一方面盡力保護個人隱私，但另一方面也特許個人隱私在未獲知會的情況下遭到侵犯。這是否意味著對自己的生活無法掌控，抵消新技術帶來的新自由？今天還有任何機密存在嗎？演算法的社會是否已經來臨？

除非保持警覺，否則我們很容易就自願放棄某些自由，樂於讓銀行在沒有事先知會的情況下，就從我們的帳戶自動扣款。我曾經因為沒有更改密碼，而讓駭客入侵電子郵件，偷走我的通訊對象資料。我的銀行因此接獲指示，匯了數千英鎊到我從沒聽過的地址。在餐廳用完餐後，我粗心大意的將信用卡交給服務生結帳，後來才發現我隔天買了一部昂貴的液晶電視。這些經驗如今都司空見慣。我的父母從來不曾聽過「身分竊用」（identity theft）這個名詞，不過他們過去也沒聽過電腦。我們很喜歡新興的「物聯網」，搶先下載幫忙找停車位和尋找鑰匙的應用程式；甚至有一種連結網路的家庭裝置，讓你不必掏出口袋中的手機，就可以利用手機打開家門。只要不讓別人掌控你的手機，今天的世界簡直是新奇玩意的天堂。每條第二曲線都會帶來新的學習，直到我們最後學會如何應付它帶來的後遺症為止。

社群媒體普及，讓我們的人際關係更加豐富。三十年前，我們十來歲的子女出外遊歷時，幾個星期都杳無音信，失去聯絡。等子女返家後，聽到他們可怕的冒險經歷，我們才覺得不知道實情反而好些。如今即使他們置身於遙遠的叢林，仍然可以隨時保持聯繫。社群媒體創造所謂「不滿的自戀」心態，我們不斷追尋虛無縹緲的完美，好像要把所有衣服一起穿在身上。社群媒體絲毫不懂得尊重，也缺乏責任感，渾然不知對別人造成的衝擊。當下發生的事情變成最重要的事，推翻原本的優先順序，忽略長期效應。假如我們漫不經心，今天這種即時通訊和多人同步觀賞的模式，缺乏分析的大量隨選資訊，將形成淺薄而自我中心的世界觀。在這個推特化的世界，沒人有足夠的時間或專注力去閱讀一段以上的文字。活在當下固然很好，但如果我們沒能通過棉花糖測驗，未來終將付出代價。

自制力專家華特．米歇爾（Walter Mischel）五十年前設計棉花糖試驗。每個參與實驗的孩子都獨自待在空房間裡，面對兩個選項：究竟要現在就吃掉桌上的一顆棉花糖，還是先忍住不吃，等一下再領走兩顆棉花糖。這是與「延後滿足」（deferred gratification）有關的測試。米歇爾觀察這群孩子日後的發展，深信延後滿足是決定一個人能否成功、社會功能較佳和自我價值感較強的重要關鍵。假如米歇爾說得對，那麼持續不斷的即時通訊正在危害年輕一代的前途。我會在第十五章中進一步探討這個問題。我們和他們都應該小心為上。

我們也需要對資訊域的黑暗面有所警覺。資訊域能助長串謀和集會，無論合法與否。「網路霸凌」（cyberbullying）、「色情簡訊」（sexting）和「網路酸民」（trolling）都是幾年前才出現的新詞彙，新詞彙意味著新危險。所謂道高一尺，魔高一丈，試圖控制為非作歹的人，往往徒勞無功，最終還是要靠自己小心把關。正因為乏人注意，反而更加陰險的是，大公司逐漸掌控網路流量。最初網路上的傳輸內容來自數千家公司，如今美國一半的網路流量幾乎都控制在三十家大公司手裡，而且家數還日益減少。大象再度把跳蚤踩在腳底。當然，我們沒有因此停止使用網路，但卻發現自己日益受到來自這三十家公司的資訊性娛樂（infotainment）所吸引。我們不但沒有如自己希望的成為一股創新的力量，反而愈來愈輕鬆享受Netflix、YouTube、谷歌、臉書、推特等服務。網路會把我們都變成沙發馬鈴薯，而不是創業家。這是我們不想搭上的第二曲線。

除了熱點，也要「冷點」

我有時候很嚮往年少時代珍．奧斯汀式的世界，而忘了那個時代的步調是多麼緩慢，生活是多麼不便。那時，我親筆寫出我的處女作，辛勤刪刪改改，在頁緣插入我要添加的文字，然後把草稿交給內人，用打字機一字字打出來，因為大家都認為，像我這種教育程度的人應該不需要自己打字。結果這麼做反而寫出一本比較好的書。由於當時沒辦法在電腦上剪剪貼貼，修正錯誤不是那麼容易，所以我寫作時比較小心。時至今日，風水輪流轉。摩托羅拉推出一種只用來打電話和傳簡訊的新型極簡式手機。許多組織也開始訂定無電子郵件日。或許很快的，除了「熱點」之外，還會出現任何電子裝置均無法操作的「冷點」。也許大家又會開始彼此交談，而不是對著同桌的人發簡訊。靜坐冥想變成一種時尚。我每天清晨都會花半小時在戶外散步冥想，在忙碌的一天開始前，先讓自己有個清醒的頭腦。

資訊域是我們沒有主動開創或規畫的第二曲線，但我們無法避免資訊域帶來的影響。第二曲線不只改變產品和流程，也會改變關係、組織和政治。我們的兒孫輩將在截然不同的組織中工作，和我們面對截然不同的人生選擇。至於他們的生活會不會更好，這又是另外一個問題了。

第四章
職場

做什麼工作？在哪裡工作？
誰來做？怎麼做？

我們必須想像一下，有朝一日，如果機器人成為大部分工廠（如果到那時還這麼稱呼的話）的主力，客服中心的服務人員是會說話的電腦，汽車、貨車和火車逐漸變成無人駕駛，烹調完全自動化，由機器人為你上菜，消費者多半在網上購物，每個人在自家客廳或臥室就可以隨時享受線上娛樂。到時候，演算法和電腦系統將主宰我們的生活。有的人說，如此一來，科幻小說終於成真，電腦不再為人類服務，而變成人類為電腦服務。新時代的新僕人（美其名為「技術人員」）必須擁有高技能，而且人數稀少（這才是問題所在）。

我卻不以為然。電腦和物聯網或許會減輕我們生活中繁瑣乏味的苦勞，但人類可不會輕易就範，放任機器主宰我們的生活，尤其是機器有朝一日可能會自己思考。人類一定還是會群策群力，共同創造新事物，取得權力或影響力，賺取財富，或協助他人、照顧他人。當人們設法一起做點事的時候，總是會出現各式各樣的組織和職場，以及隨之產生的衝突和激情。工作的面貌或許各不相同，也會有不同的組織和安排方式，但某種型態的組織仍然會持續存在。不過，組織只是連結人們的一種方式；今天除了面對面接觸之外，人與人之間還有各式各樣的連結方式，組織的實體面貌正在快速改變。每當我看到地鐵站湧出一波波人潮，趕著去坐在方盒子般的隔間裡，以及其他同樣在方盒子裡上班的人以電子郵件、電話或簡訊溝通時，總是覺得很奇怪，因為即使他們待在家裡或附近的工作中心，也能做同樣的工作。

筆電變成我們的辦公室

那麼，他們為何還這麼做呢？辦公室成本高昂，而且大多數辦公室不但夜裡空無一人，白天大半時候也空蕩蕩的，因為大家都出去見客戶或供應商了，或正在開會。為了節省空間，許多辦公室變得有如倫敦的聯誼俱樂部，提供很好的會議設備、餐飲設施，以及活動空間，但只有少數重要人物擁有自己的空間。新的企業俱樂部會所為了吸引人才，設計得十分時髦，甚至走奢華風，不但設置最新的通訊設備和顯示裝置，還供應餐廳水準的美食。他們的想法是，員工仍需不時在實體空間中彼此接觸，才能迸發意外的發現，促進共享的文化。假如大家在影印機、飲水機旁巧遇的機會隨著辦公室一起消失，那麼至少應該設法讓它在這類會所中發生。巧遇的機緣和凝聚感固然都很重要，但正如一位企業主管所說，不需要每天都發生。那麼何不把它局限在每星期中間的三天呢？

有的人抗拒這股趨勢，部分原因是他們認為只憑機緣湊巧太過難得，此外，許多人認定辦公室是住家之外的另一個家，他們不喜歡這種企業俱樂部觀念中包含的辦公桌輪用制，希望用自己熟悉的守護神和照片來布置自己的工作空間。所以這類組織反其道而行，把工作場所打造得如谷歌園區般的多用途工作與休閒中心。這麼做不但成本高昂，而且不是每個人都想成天泡在辦公室裡。

實體職場的各種新面貌，從辦公室到俱樂部到工作中心到住家，正反映出工作人口的變貌。一向以來，組織雇用大量人力，所有員工即使不在同一屋簷下辦公，也受同一個企業大傘庇蔭，這樣的日子可能會率先結束。這不見得是壞事。規模容易抹滅人性，把員工貶為人力資源，只代表帳簿上的成本。身處人力大軍底層的員工感覺好像龐大機器中的小小螺絲釘。在最糟的情況下，工作場所可能是禁錮人類靈魂的牢獄。沃爾瑪（Walmart）和物業管理業者G4S之類的大公司雖然有為數眾多的員工，其實是許多小型組織的組合，而不是雇用大量勞力的傳統工廠。其他大型組織，包括我的前東家殼牌石油，都逐漸走向聯邦制（雖然他們不見得用這個名稱），目標是需要大時則大，可以小時則小，希望保持組織的彈性與人性化。他們確保組織在型態、規模和風格上都保持多樣，並利用公司網站、電子郵件、Skype、即時傳訊，連結所有單位，甚至老式電話都改成智慧型電話。

透過這種新型的虛擬連結能力，我們的筆電成為我們的辦公室，而筆電不會透露我們究竟身在何處。如此固然方便多了，但從此大家就再也沒辦法下班了。除非我嚴守紀律，下班時間一到，就關掉所有科技工具，否則我並沒有變得更輕鬆，反而比過去更為工作所奴役。馬克思曾說，宗教是人類的鴉片，時至今日，人類的鴉片已經變成智慧型手機。過去人們藉由數念珠獲得心靈慰藉，如今有些人似乎隨時都得盯著手中的小螢幕，忙著發訊息給所有人，否則就坐立難安，他們太常按下「回覆所有人」的按鍵，卻極少「刪除」任何訊息。新的隱憂是，拜新型行動辦公室之賜，人們花太多時間在通訊上，幾乎沒有餘裕反省與沉思。

騎在大象背上的跳蚤

放眼下一波浪潮，顯然未來將出現各種不同型態的工作方式。大型組織仍然是各國的生產主力，因此這類「大象」總是會持續存在。然而正如我將在第八章所描述的，大型企業組織和相關的各個小單位將形成酢漿草式組織，組織大部分的次要功能不是外包給獨立包商，就是由旗下自主管理的附屬事業負責。還會出現許多我過去所謂的「跳蚤」，或酢漿草的第三片葉子，就是具專業才幹的個人或小型合作夥伴，他們出售專業技能和知識給企業，卻沒有直接受雇於任何企業。他們多半是某方面的專家，可能對企業營運有重要貢獻，但仍保持本身的獨立性。大型組織如今被打亂成許多半獨立的群組。

我就是騎在大象背上的跳蚤。身為作者，我是龐大的全球出版公司核心智慧財產的一部分。他們需要我們，正如同我們需要他們；但他們不想正式雇用我們，正如同我也不想被他們雇用。反之，我根據工作成果收取酬勞，幸運的話，還可以拿到一點預付酬勞。這種做法可說皆大歡喜，雖然在外人眼中會有些奇怪，企業竟然以不擁有重要智慧財產為樂。由於企業營運的這部分核心早已脫離組織，理論上，沒有理由不把其他部分都外包出去，結果出版社只剩下幾個居間協調的人，例如責任編輯。歡迎來到事事外包的組織，這是核心葉片修剪得愈來愈小的酢漿草組織。

我經常感到納悶，為什麼許多身懷絕技的專才不採取我的做法，脫離組織後，再把自己的才能和智慧財產賣回去給組織，而不是為了一份死薪水，把才能和知識完全奉送給組織。可以預見，未來會有一群群專家，甚至整個研究中心或醫療專才彼此結盟，組成獨立團體，以外包方式為組織工作，放棄工作保障，以換取獨立自主及更高的報酬和掌控權。在雙方眼中，契約型組織顯然都極具吸引力。對組織而言，可以降低管銷成本，帶來更多彈性。如果其中某個獨立小單位表現不理想，只要不續約就成了。但這樣做也有風險。組織的各個成員都可能選擇離開，另起爐灶。今天，新競爭者的入行門檻已經降低，任何新加入者都能雇用相同的外人。新的出版商可以在一夕間冒出，甚至就在自家廚房中工作。不過重要的是，契約型組織缺乏社群意識，沒有核心價值，無從激發忠誠度。當合約成為關鍵，精神也隨之消逝。

儘管如此，契約型組織終有一天會成為主流，真是令人傷感。即使工作組織並非總是（或經常）對人友善，卻一直是許多人最重要的社群。銀行家、電影演員和運動明星之類的工作者擁有的個人資產備受重視，因此協商合約時，可以要求分紅。如果能清楚辨識個人或群體的貢獻，那麼隨著關鍵人才的議價能力提高，這種論績效計酬的方式必然日益普遍。由於獵人才產業愈來愈發達，今天即使薪水再高，許多員工都愈來愈不願只為一份薪水，就出售自己的智慧財產果實。他們將搖身一變為跳蚤，或一群群的跳蚤。

跳蚤人生的挑戰

跳蚤顯然要面對風險，再光鮮的跳蚤都不例外。他們或許擁有卓越的才能，問題是必須找到需要這些才能的人，而且客戶必須夠多，還願意付出相應的酬勞。假如新跳蚤在剛起步時，有辦法將自己的技能賣回去給老東家，那麼算是很幸運，但即便如此，他們很快就需要找到更多新客戶。行銷能力變得和完成交付任務的能力一樣重要。大多數跳蚤都從事服務業，他們需要客戶甚於需要資金。對許多跳蚤而言，只需用信用卡買來一輛二手車、一部電腦和一些基本設備，已經足以踏出第一步。還有其他問題。許多人雖然在企業界工作過，但在組織庇蔭下，從不曾真正面對企業營運的殘酷現實，體會到現金流量的重要、正確訂價的困難、債權人的控管等當員工時從未參與的事情。許多新跳蚤還懷著錯覺，沒能跳脫過去習慣的闊綽，在找到第一名客戶前，就忙著租用辦公室和聘請祕書，設計吸引人的網站和宣傳文案，但其實早期客戶多半靠熟人介紹和口耳相傳。成功總是不如預期得快，然而大多數人終究發現，獲得的自由大大彌補工作上的不安全感。我的兒子是個演員，可說是跳蚤職業中最糟糕的一種，因為連知名演員幾乎都難以控制自己的未來。演員的工作大半時候都時斷時續，而且難以預測。他之所以當演員，純粹是因為他熱愛演戲。我認為每個人在人生旅途中某個時間點，都會開始過類似演員的生活。

跳蚤經常可以結合自己及他人的專長，形成貌似組織的群體，但其實只是許多跳蚤合約的集合。我們的營造商建議我們個別付費給他的供應商和各個工匠（如果酬勞不到課徵增值稅的水準），如此一來，我們省了不少錢，他也省下行政管理工夫。對新創小公司而言，基本原則似乎是：不要正式雇用太多人力，只在需要時短期雇用。有趣的是，根據《理想家園》雜誌（*Ideal Home*）的統計資料，維多利亞時代的英國，每七戶人家中，就有一戶雇用家務幫工，如今則每四戶人家就有一戶聘請家務幫工，但今天的家務幫工幾乎都是自雇型個人工作者，包括園丁、司機、外燴人員和清潔人員等。

自雇型工作者愈來愈多，雖然出乎意料之外，事後看來，卻是就業相關稅務和法令日益繁雜不可避免的後遺症之一。跳蚤的數目成長快速，已占英國工作人口的一五%，而且這個數字只代表我們知道的跳蚤。從二〇〇七年以來，英國的就業成長有八三%來自跳蚤或自雇型工作者；許多新跳蚤為女性，有些人是在心不甘情不願的情況下被迫離開組織，但多數人都主動選擇自由自在走自己的路，今天許多工作或多或少都與資訊相關，因此也更容易採取自由工作的方式。由於大部分的工作都以現金計酬，因此我們的國家可能比我們以為的更富裕：有些經濟學家估計，財富應該會多出六%左右。

許多跳蚤都已年過六十，房貸早已付清，子女也都離巢，經常開支減少，風險也隨之降低。無論自願或被迫，脫離組織羈絆後，他們依然十分活躍，也渴望有所貢獻。退休並非每個人的烏托邦，至少還不到時候。大家現在都曉得，工作能讓我們保持健康、活躍、有趣，而且有參與感。無論工作是為了賺錢，還是公益，是為社區福祉、為個人興趣，或在許多情況下，是為了照顧所關愛的人，工作都是老化及老病的最佳解藥。不過，對許多人而言，從事某種形式的自雇型工作是彌補養老金不足的基本方式。隨著人口老化，這種情況會愈來愈普遍。我總是告訴這類人，應該規畫出集合各型態工作或各類型客戶的工作組合，因此假如某位客戶或某個專案失敗或結束了，一切都還不是定局，你還有其他許多選擇。近來我見過許多擁有這類工作組合的人，他們手上有各種不同的名片，反映了他們扮演的不同角色。他們的人生也變得更豐富有趣，不同於過去只有單一工作的日子。

沒有橡子，哪有橡樹

第二曲線會悄悄來臨。英國已經有九三%的企業屬於微型企業，雇用的員工少於五人，通常都只有一、兩人。整體而言，這類企業的產出只占英國GDP的三%，但總雇用人數卻超過英國的公部門。從社會和政治的角度來看，這點非常重要，不過大部分的社會結構和制度都奠基於一個假設：每個人都在某種形式的組織上班。政府透過組織來徵收大部分的稅，推行許多健康與安全措施，並讓員工在請病假與假日中仍得以支薪，工作有所保障，退休金亦有財源。政府希望把每個人都推回組織裡，但組織並不想照單全收，而大多數的跳蚤也沒有意願回到組織工作。

改變一下比喻，我曾經將自雇型工作和微型企業成長的新趨勢稱為「橡子型經濟」（acorn economy）。大部分的橡子始終是橡子，有些橡子會遭到踐踏，但少數橡子可能成長為高大的橡樹，聘雇許多員工。可悲的是，唯有到這種時候，政府才會開始注意他們。政府必須記得，沒有橡子，就不會有橡樹。

不管政府是怎麼想的，現實狀況是，今天正值工作年齡的英國成人全職上班的比例不到一半，其他人不是自雇型工作者，就是兼職工作，或是失業、正在受教育或屬於「非從事經濟活動」人口：忙著在家中無酬照顧小孩或父母。今天有各式各樣的橡子和自雇型跳蚤，有些採取非傳統的工作型式。英國政府開始效法其他歐洲國家，將毒販和妓女的推估所得都納入GDP計算，畢竟積少成多，點點滴滴都會有幫助，何況他們的所得數字並不小。據估計，二〇〇九年倫敦有六萬零八百七十九名尚在執業的妓女（數字估計簡直精確得不可思議），總收入高達五十三億英鎊。毒販則賺了四十四億英鎊。非法跳蚤荷包滿滿，尤其是假如他們沒有納稅的話。有些跳蚤則比較傳統，我最近接受電視台訪問時，發現他們（包括節目主持人和製作人在內）全都是自雇型工作者，而且樂此不疲。詭異的是，如果你今天擁有一份「體面」的全職工作，你其實屬於少數族群。沒有幾個人注意到，今天的世界早已不同於以往。

我曾經在家裡和一位廣告界主管聊天。他在四十八歲時失業，對於社會上的年齡歧視感到忿忿不平。「像我這樣的人正值人生顛峰，卻找不到任何工作。」他說：「真叫人受不了！」這時候，原本在屋裡修理東西的電工探頭進來對我說：「我得走了，還得去做下一份工。」「這就對了！」我對廣告界主管說：「對許多人而言，這就是工作的意義：工作代表的是一位顧客或一份專案，而不是組織中的一個位置。只要替自己找到一些顧客，你就會像電工一樣，找到許多這類工作。」我指出，英國登記有案的企業中，有六〇%只有老闆，沒有員工。可惜他沒有從我的話中得到什麼安慰。

辦公室不再是第二個家

在我長大過程中，爸媽天天都回家吃中飯。我把這件事看得稀鬆平常，因為我們認識的人大都如此。家父在小小的愛爾蘭教區擔任教區長。街坊鄰居都是農民、醫師、牧馬人、藝術家，還有商店老闆，他每天中午都關起店門，休息兩小時。過了很久之後，我才知道大多數人整天都待在離家很遠的另一種家：辦公室或工廠。開始上班以後，我對於家父能擁有像書房這樣的私密空間感到又嫉又羨，決心有朝一日也要擁有自己的書房。但之後三十年，辦公室一直是我不那麼私密的書房，還幾乎成為我第二個家，我醒著的時候，待在辦公室的時間比我待在真正的家的時間還長。難怪子女都覺得我很陌生。

十年風水輪流轉。今天，我有我的書房，內人有她的書房。我倆每天早上都躲進書房，只在喝咖啡、吃中飯、喝下午茶及共進晚餐時，才從書房現身。像我們這樣的人愈來愈多，他們即使不是在家工作的自由工作者，也常常在家上班（即使受雇於組織）。我的鄰居受雇於一家小型電機公司，他們有十二、三個工程師通常都在家上班，數英里之外有個小辦公室負責整合協調，但他們很少去辦公室。根據路透社的統計，每天都有一成左右的上班族在家上班，另外還有一成左右在家上班的時間超過一天。這些數字只反映出登記有案的企業中的情況，還不包括志工、業餘玩家、從事家庭照護工作的人，以及從事所謂非經濟活動的人。然後還有一些人從早到晚不是在客戶那裡工作，就是正要去會見客戶，因此而沒有自己的辦公室，這類人包括水電工、教師、計程車司機、貨車司機、護士、駕駛和演員等。他們或許沒有自己的辦公室，但通常會有個供大家休息和社交的共同空間。就像世界其他種種變化一樣，我們也愈來愈能將工作場所打造成我們想要的樣子。工作關乎我們做的事情，而非我們到哪裡做事。第二曲線早已開展。它會把我們帶向何方，則是新的未知數。

第五章
市場

我們是否已證明市場是虛假的上帝？
市場還有什麼可以相信的？

市場很管用，是平衡供需最簡單有效的好方法。如果缺乏市場機制，我們只好放任官僚來平衡供需。蘇聯最後終於明白官僚制度並不善於此道。市場也會鼓勵競爭，因而提倡創新。事實上，假如沒有市場，簡直無法想像社會要如何運作和進步。但市場也有不好的一面。我接下來會說明，市場並非都能如預期般運作良好。許多人只要有辦法，就會利用市場。市場機能也非萬能。有些事物是非賣品，也不應該拿來出售，例如愛或新娘。還有些事物根本是無價之寶，我們呼吸的空氣就是如此，儘管如此，有些人仍試圖為空氣收費。

更重要的是，有的人認為，「市場意識型態」扭曲我們的優先順序，甚至使我們腐化。我所謂的「市場意識型態」，是指許多人堅信最好的經營方式是創造市場，為最終產品訂出價格，刺激競爭。結果金錢成為衡量每件事情的標準，把所有的一切（包括我們的一部分）都變成待售的商品。有的人樂於出售自己的身體，或是身體的某個部分；有的人為了生存而不得不出賣身體。其他人則出售自己的人脈供其他人運用。我知道有些作者為其他人的著作背書時，會收取費用。那麼這樣的背書還有什麼可信度呢？這正是「王子的兩難」。倘若你財大勢大，可以用金錢買下任何人的時間和允諾，但你怎麼知道他們內心真正的感覺為何？一旦你開始計算每件事的成本效益，你就比機器人好不到哪裡去。沒錯，機器人或許比你還懂得盤算。

當一切都變成商品時，貧富差距也隨之擴大。我和內人最近到馬拉威記錄微型貸款創業計畫時，參觀取得微型貸款、準備創業的婦女所居住的農村。她們都住在簡陋的泥屋裡，由於屋子太小，到了夜晚，所有地板空間都擠得滿滿的，才足以容納整個大家族。他們沒有任何財產，但由於大家都是如此，所以人人平等，彼此只有個性上的差異。我們唯一的顧慮是，當創業的婦女太過成功時，可能會打破原本的和諧狀態，因為金錢會帶來差異。雖然可悲，卻是事實。市場很管用，但並非放諸四海皆準。市場也不是每一次都能發揮應有的效用。

訂價的學問

我上第一堂經濟學課時，就心生疑竇。講師劈頭就說：「姑且假定有個完美的市場……」顯然他的假設包括人人都能取得完整的資訊，市場上只有完全理性的競爭者，他們純粹從經濟學的角度來思考，只關心如何議定價格，對於交易帶來的長期後遺症或交易的其他層面都毫無興趣。市場上還有個中立的協商機制。當時我心想，他在作夢吧，這個世界哪有這麼單純！

等到我開始在馬來亞一家石油公司業務部門上班（六十年前，馬來西亞還叫馬來亞），經濟學課堂上所學和我最初的工作經驗可說是背道而馳。業務部經理對我說：「你的第一項任務是為公司制定潤滑油系列產品明年的銷售價格。」我簡直驚惶失措，因為我對潤滑油或馬來亞市場都一無所知。我說：「長官，我想我還不夠資格擔當這項任務。」「胡說！」他回答：「你只需要找出潤滑油的產品清單，跑去會計部問清楚每項產品的直接成本，以及我們的管銷成本，他們會把數字給你，然後加上一五%的獲利率，再把所有數字加總起來就成了，任務簡單得很，卻是很好的敲門磚，讓你了解公司的部分事業。」「但是……這樣做好像不太道德。」我結結巴巴的說。「怎麼會呢？」他問。「這豈不是說，我們花費愈多，反而賺得愈多，這不可能是對的吧！」「不，做生意就是如此，假如你僥倖過關的話。」他說：「你很快就會懂的。」

那次我們僥倖成功了，因為唯一競爭對手的市占率比我們小得多，單位成本比較高，所以我們可以開心的維持這個奢侈的做法。萬一對手發動價格戰的話，雙方都要付出高昂的代價。這算哪門子市場啊？後來我在業界觀察到更多追隨領頭羊的類似模式。倒不是說同業之間會主動合作，而是他們會盤算，打破現狀的代價實在太大了。我過去總是納悶，為何大城市許多產業都會群聚在一起。倫敦所有的鑽石商都匯聚於哈頓園（Hatton Garden），杜拜所有銀樓都集中在同一條街上，大家都以相同的價格，出售差不多的商品。我猜想，也許是因為他們想確保市場秩序不會遭到破壞，對市場的掌控不會面臨挑戰，也不會發生殺價競爭的情況，危及所有同業。金融業也有類似的情形，沒有人質疑投資銀行收取的費用過高，也沒有人會大膽指出，許多公司聲稱紅利水準必須跟上競爭對手，其實是在唬人。大家都乖乖守秩序，跟隨領頭羊，這樣做符合所有人的利益，只有顧客的利益除外。

後來，我到美國念書時，內人決定和倫敦的朋友合作，把從古代英國騎士鄉紳墓碑拓印下來的圖案製成手工藝品，賣給波士頓的家庭主婦。英國的朋友拓印後，會利用絹印法把圖案印在類似羊皮紙的堅固紙張上，然後寄到波士頓，內人再把它製成可掛在牆壁上的裝飾品（通常是四英尺長），並透過本地的俱樂部和社交圈銷售。問題是，應該以什麼價錢出售呢？我計算他們的最終成本，如果不包括內人的免費勞力，最多只有三美元。如果以此再加上一美元或三三%的合理利潤，則會得出四美元的售價。

內人一向比我有商業頭腦，她認為價格訂得太低了，所以她把問題拋給我修習的行銷課程。大家做了基本的市場調查，提議把價格訂為四十美元，理由是唯有當成奢侈品來促銷，才有辦法把這些捲軸推銷出去。如此高的暴利把我嚇壞了，我堅持維持二十美元的定價，而且即使是這個價錢，似乎都稍嫌過分些。後來內人賣出的捲軸已足以讓我們在完成學業後，到加州享受美好假期。我相信假如當初聽從其他人的忠告，我們賺到的錢可能不止雙倍。

不完美的市場

從那時候起，我注意到大家經常把價格當作品質指標。有些朋友總是會自然而然選擇最昂貴的商品，因為他們都假定最貴的商品通常也會最好。我在捲入一場難纏的官司時，也覺得換掉中等收費的律師，改請較昂貴的律師，應該會好得多。結果其實不然，只是在不確定的情況下，最貴的方案往往看起來最安全。有一度我經常周遊世界，到各地研討會演講。我覺得假如我把演講費削減一半，和某些講者一樣開出低得離譜的價錢，說不定會收到更多演講邀約。結果並非如此，客戶因此把我降為二軍。等到我提高演講費後，我們的業務反而興旺了一陣子。但我一直都覺得不該這樣利用這個不完美的市場。

也許所有的市場都不完美。原油現貨市場或各種大宗商品和金屬的交易所由於資訊透明，也具備中立交易機制，或許情況好得多，但只是或許。五十年前，我曾經擔任一個小團體的祕書，這群人個個都有來頭，包括一名來自剛果的比利時人、一名來自智利的美國人和一名來自羅德西亞[1]的英國人。他們每半年都在巴黎最奢華的餐廳聚會，為倫敦金屬交易所設定生產商價格。由主要生產商提出的生產商價格將決定金屬的最低定價，確保市場穩定。當時他們向我保證，這一切絕對合法。我的工作只是記下他們議定的價格，以防有人忘記，或刻意選擇不記得。當時我覺得這樣的市場還真是古怪，不過也可以理解設定基本價格的好處。

市場還有其他問題。只比較成本、而不比較價格的市場是虛幻的市場。我曾造訪共產黨統治下的匈牙利，當時匈牙利全國只有兩座肥料工廠。我說：「對這個產業而言，顯然規模經濟很重要，所以如果只有一座肥料廠，成本一定低得多。」他們回答：「但是這樣一來，我們就得想辦法弄清楚什麼是適當的肥料生產成本。現在則可以透過競爭自動設定標準。」我心想，原來如此，不過假如他們不只比較投入，也比較產出，效果可能更好，因為真正重要的是兩者之間的關係。他們的系統有這樣的缺陷。你可能用很便宜的製程產出很糟糕的產品，這種

1 編注：辛巴威的前身。

情形在共產國家屢見不鮮，而且我們的公部門迄今依然如此。可以衡量成果和成本的適當市場可以說明這點。但即使是這類市場，都可能拉低標準，而非提高標準。當眾多大學競相爭取新生入學時，可能會誘使某些大學降低入學標準和畢業條件。雖然大學順利招到學生，卻損害了最終顧客、雇主和社會的利益。電視頻道愈來愈多，其他媒體也紛紛冒出，固然讓更多人更容易取得媒體內容，節目品質卻不見得明顯提升。

失靈的市場

在社會的某些領域，市場根本完全無法運作；在某些領域，市場運作錯誤；但在某些領域，市場機制可能有所幫助。舉例來說，你不應該在市場根本無法自然生存的地方創造出準市場（quasi-market）機制。英國的民營化計畫就企圖將某些市場原則引進公部門，結果往往在當地形成獨占性事業，例如自來水公司和鐵路公司，因為在這些領域，每個地區只容許一家業者存在；要不就形成全國性壟斷事業，例如空中交通管制網。於是管理當局只好試圖引進市場機制的主要優點：價格規範。怎麼樣才能防止組織像我第一個東家石油公司那樣，提出他們聲稱必要的成本數字後，再加上獲利率，就變成定價？管理當局很難單憑己力駁斥所有業者。最後當有固定期限的特許經營合約到期後，市場紀律自然會介入，但這樣的競爭仍然有缺陷。從某些標案的出價已經可以預見，廠商未來必定無法履約，有些廠商的成本估計太過樂觀，讓政府最後不得不出面收拾爛攤子，整個事情變成一場鬧劇。私有化或許能提高效率，但唯有真實的市場才能有效檢驗效率所牽動的成本。

在英國，出售公用事業的後果往往是政府到頭來補貼更多，消費者付出更高的價錢，供應商則荷包滿滿，而且大多是外國公司賺走這筆錢。我的經濟學老師所說的那種完美市場其實寥寥無幾。當我們無法為實際成果計價時，市場就無法順利運作。比方說，什麼才是監獄真正的成果？醫院呢？學校呢？在上述情形中，有辦法計價的只有成本而已，但正如我所說，只知道成本，卻無法衡量成果，無法構成適當的市場。透過比較成本，可以降低成本，但不一定能產出更好的成果。醫院如果在病人尚未完全康復時，就讓他們出院回家，空出病床，這樣雖然能提高病床周轉率，卻無法為被趕回家的病患增加任何福祉。醫院也可以裁減醫護人員，藉此降低成本，卻會使得許多病患乏人照顧。

可惜，監獄、醫院和學校的真正產出都不太容易衡量。假定監獄真正的考驗是囚犯未來的人生。他們未來十年的生活和現在有何差別？假如我們能夠衡量這方面的成效，或許就能鼓勵獄政當局投入更多資源，協助囚犯再教育和改過自新。醫院周遭人口的健康狀態或至少病患的後續生活狀況，或許是衡量醫院經營成效的最佳指標。理想上，學校應該檢視學生未來二十年的發展。由於這類成功指標難以訂定，也不切實際，於是組織往往採用替代指標來衡量，例如再犯率、康復時間、考試成績等，儘管這些指標往往和真正的長程目標不相干。採取這類中間衡量指標的危險是可能會扭曲組織的真正目標。考高分的學生不見得日後能成為好公民或優秀領導人。老師都明白這點，卻仍緊抓著唯一可衡量的成果不放，而不管它可能多麼不足。

中間衡量指標打破美國前國防部長羅伯・麥納馬拉（Robert McNamara）在越戰期間發表的麥納馬拉謬誤（McNamara Fallacy），謬誤的內容大致如下：第一步先衡量比較容易衡量的項目。到目前為止，還沒什麼問題。第二步是不理會那些無法衡量的項目，或任意給個數值，這等於在造假和刻意誤導。第三步是假定無法輕易衡量的東西就不重要，這是盲目。第四步則是指出無法輕易衡量的東西根本不存在，這不啻是自殺。

我要修正麥克納馬拉的第二個步驟，改成：「假設只要能正確衡量，就能帶來期望的成果，即使成果仍無法衡量。」這正是上述三段論法中失落的環節。假如沒有這個失落的環節，就是虛假的市場，顧客和決策者都被蒙在鼓裡，憑著直覺瞎猜，缺乏扎實的證據，這樣做非常危險。

不理性的市場

有鑑於此，美國聯準會前主席葛林斯潘（Alan Greenspan）在最近出版的回憶錄中提及二〇〇八年金融危機時表示：「我和其他經濟預測專家都不了解，市場很容易陷入瘋狂擺盪，完全脫離根本理性。」這豈不是有點過於天真嗎？他後來才承認對「新古典經濟學的假設：人類行為乃基於對自我利益的理性追求」喪失信心，他說：「對我而言，突然之間，以數學為系統計價基礎的整個概念似乎已告失敗。」

不，葛林斯潘一點也不天真。他和企業界及政府部門的大多數人一樣，認為市場自然會自我修正。我們在市井中確實看到這樣的現象，商學院老師在課堂上也這樣教導我們。拜這個聰明機制之賜，自私自利有了正當性，儘管奉「貪婪是好事」為圭臬未免有些走過頭了。但由於出自經濟學教父亞當斯密之口，這句話成為神聖真理，幾乎是資本主義的基石。那麼，為何會錯得這麼離譜呢？

我們得先釐清一件事：亞當斯密並沒有說「看不見的手」會讓自我利益符合所有人的福祉。他只在《國富論》（*The Wealth of Nations*）中提了一次這個比喻，指出由於看不見的手，商人會傾向於在本國投資，而非到外國投資。

確切的文字如下：

因此，當每個人盡己所能的運用資本來支持國內產業……他之所以偏好國內產業，而非外國產業，只是為了保障自身利益；當他設法引導國內產業，讓產出盡量達到最高價值時，他只是為了增進自我利益，和其他許多情況一樣，他乃是受到一隻看不見的手所引導，而促成某種非其本意的結果。

這只是其中一個例子，說明一個人可以如何扭曲語言，讓它表達出你想要的意涵。

亞當斯密的確說過，競爭會迫使任何商品都回歸「正常價格」，我想意思大同小異，但他也說過，「根據道德行事，我們必然會尋求最有效的方式來促進人類幸福」。以及「多為別人著想，少為自己著想，克制我們的自私，表達我們的善意，構成完美的人性」。銀行業者可要注意了。亞當斯密更像是道德哲學家，而非經濟學家。他並沒有放任自私者為所欲為。雖然亞當斯密的名言是：「我們有晚餐可以吃並不是因為屠夫、釀酒商或麵包師傅的善心，而是源於他們對自身利益的重視。」他後來指出，為顧客的自我利益著想其實正符合這些商人的利益。簡而言之，開明的自利（enlightened self-interest）能帶給所有人最大好處。但他不抱持任何天真的幻想。他的觀察是，綜觀歷史，我們會發現人類遵循一條卑劣的座右銘來行事：「一切全為自己，不為他人。」

因此，回歸我最初的懷疑，第二曲線的思維將視市場為有用而必要的機制，但需要審慎管制和嚴格規範，市場機制並非在所有情況下都適用。相信中間衡量指標容易帶來誤解；毫不質疑的聽任市場力量主導我們的生活，是非常危險的事；人生許多重要價值都無法用金融術語來表達，也不應該這樣做；否則我們將被貶為商品。我們的人生其實更加富足，只不過難以用價格來衡量。

第六章
成長的兩難

更多一定更好嗎？

有些字眼總是罩著一圈光環，代表好處毋庸置疑，「成長」就是其中之一。我納悶的是，好事是否也會過多呢？所有的一切真的愈多愈好嗎？顯然不是如此，只要想想我們的飲食就知道了。那麼生活的其他層面呢？大多數企業都認為不追求成長很奇怪，但是，難道要永遠追求成長嗎？

我在多年前造訪IBM總公司時，看到牆上有一張圖表，上面是兩條預測未來的曲線。一條線代表美國GDP的預估成長率，另一條線則預估IBM全球銷售額的成長。我注意到，在遙遠的未來到達某個時點時，IBM的曲線將竄起，穿越美國GDP成長曲線。「你們只是在開玩笑吧？」我對IBM人說。「完全不是。」他回答：「以我們的成長速度，這是很可能發生的事。」儘管作夢吧，我心想，真是不切實際！除非世上有某種成長模式可以不受競爭或資源匱乏的限制，否則想要永遠成長下去，簡直是癡人說夢。近年來數據量快速增長，以及純粹以資訊為基礎的公司激增，創造出吸引人的契機，但即使有些公司趁機賺到錢，好景卻很難永遠持續下去。我們必須自問：假如經濟不再有某種程度的成長，我們的生活、工作和我們的社會能不能持續蓬勃發展？

我有時很嚮往中古世紀的生活，當時大多數人的生活都平凡無奇，日子一天天過下去，唯有四季更迭帶來些許變化。街坊鄰居相互熟識，但除此之外，幾乎就沒什麼其他熟人了。如果你的人生狀態從一出生就大致底定，那麼你只能盡力而為。那時候，人的壽命較短，死亡率較高，也較常生病，但由於選擇有限，生活也單純許多。你盡可能善用自己所擁有的一切，因為對大多數人來說，沒什麼理由追求更多或與眾不同，有一種單純帶來的安適感。

當然，現實並非如此。倘若放任人類隨心所欲，那麼在湯瑪斯·霍布斯（Thomas Hobbes）所謂的「自然狀態」下，人類生命將是「孤獨、貧窮、齷齪、殘酷、短暫」的，懷著「持續不斷的恐懼」。足足有一千年的時間，經濟幾乎沒怎麼成長，成長停頓時，大家必然競相爭奪既有商品。物資不夠分配時，貪婪並不會因此消失，反而變本加厲。成長帶來選擇，理論上人人都會得到更多的選擇、更大的進步，以及某種程度的成功。所以雖然經濟成長帶給個人和社會競爭性的挑戰，最後我仍然接受經濟成長。缺乏成長的社會將是滿懷忌妒、日益惡劣的社會，因為只有少數幸運兒擁有選擇權。有些人認為已開發世界已經成長夠了，該是停下來沉澱反思的時候，讓其他國家迎頭趕上。然而無論我們多麼富裕，成長的可能性都能讓我們心存希望，不會灰心喪志。

不納入GDP計算，就不算數？

但我們追求的是什麼樣的成長呢？先從經濟成長說起。由於我們在生活上十分仰賴靠稅收支持的公共財和公共服務，所以經濟成長必然是好事。如果人口膨脹，經濟卻無法成長，就表示大多數人（即使不是所有人）必然更加匱乏。但並非所有的經濟成長都有益無害。如果經濟成長只是浪擲財富於少數人身上，卻未照顧到多數人的利益，就是有害的成長。如果成長只一味掠奪自然資源，留給下一代更糟糕的環境，也是有害的成長。生產力提升帶來的成長，可能導致失業率攀高，因為技術取代了人力，然而用機器人取代人力似乎不算人類的一大進步。可惜的是，我們用來衡量經濟成長的指標通常不會將這些因素納入考量。

從這個角度看來，GDP雖然是官方接受的經濟成長指標，卻蘊含危險的缺陷。由於GDP掩蓋上述問題，當權者也可以置之不理。GDP對於不涉及金錢交易的活動視若無睹。羅伯特・甘迺迪（Robert Kennedy）曾指出，GDP「既不衡量我們的機智，也不衡量我們的智慧或學習，我們的同情心或愛國心：總而言之，GDP什麼都衡量，唯有生命中真正有價值的事物除外。」我親手栽種的蔬菜不會被納入國家財富計算；我帶狗到林中散步，儘管對我的健康幸福如此重要，也不會被納入計算；我的孩子花在照顧孩子的時間亦然。我們完全可以把這類活動外包，付錢請人代勞，因此稍稍刺激GDP的成長，但活動內容不會改變。由於不被納入計算的事情通常就不算數，所以制定政策的人很容易忽視這些未納入計算的活動。此外，還有實物支付的情形，例如以一箱好酒答謝別人提供的諮詢意見；出借度假木屋作為幫忙照顧孩子的補償；到非洲演講時，用一場狩獵旅行取代演講費。我們的報稅表上根本找不到空格來填入這類交易。

不止如此。生產力提高後往往產品的實用性大增，價格卻下滑，GDP也隨之降低。今天的電腦比過去便宜，但性能更佳。另一方面，更多車禍、暴動和暴力事件會增加支出，因此提高GDP，卻有害社會。我們不是應該如GDP早期倡議者所言，在GDP中刪除這類支出，而非加上這類支出嗎？今天我們在網路上得到許多免費或幾近免費的收穫，也不會納入GDP計算。非正式經濟或地下經濟也是如此。一九八七年，不屈不撓的義大利人決定將地下經濟納入GDP，一夕之間就將義大利GDP推升二〇％，超越英國。英國和其他國家如今也提議跟進，在納入賣淫和販毒等非法活動的收益後，國民生產總值可以提升四%。不難想見，一定還有許多私人小公司創造的合法（灰色）經濟。由於衡量指標有這麼多缺點，試圖比較不同國家的經濟成長率將徒勞無功。事實上，即使從經濟學的角度，都很難看清我們的經濟或社會在任何時間究竟成長得多好，更遑論人類福祉了。

第二曲線迫切需要更令人滿意的社會成長衡量指標。經濟學家戴安・柯爾（**Diane Coyle**）在她啟發性的著作《GDP的多情簡史》（*A Brief But Affectionate History*）中，提議決策者採取儀表板式的綜合指標。可悲的是，政客和民眾都追求單一數字的單純性。柯爾表示，GDP是既有衡量方式中最佳的指標。不幸的是，在公共辯論中，GDP往往被拿來當作衡量社會進步的唯一通用指標，這絕非GDP的本意。雖然柯爾提議的綜合指標必然很複雜，我們仍然需要它。也許到第二曲線的階段，我們就能教育社會大眾，讓大家了解：雖然單純的指標是一大誘惑，可是一旦降低複雜度，追求單純，就必須承擔流失訊息的風險。我們應該鼓勵政府共同建立標準的綜合指標，來衡量社會整體狀況。目前已有許多不同的衡量指標，但都還未成為公用指標。澳州已經踏出第一步，每年發布《澳州進步指數》（*Measures of Australia's Progress*），並事先徵詢公民應列入哪些衡量指標。其他國家應該跟隨澳洲的腳步。

成長是追求更好，而不是更大

不過，並非只有經濟成長才是成長。有個知名管弦樂團曾經請我協助規劃成長。我感到很困惑。樂團中各種樂器的演奏家似乎已然齊備，何需更多小提琴家或長號手呢？「不是，不是。」他們解釋：「我們不想變得更大，我們想變得更好，擴大我們的觀眾群、演奏曲目和巡迴演出，另外也很重要的是，提高我們的收入。」

他們追求的成長是更好，而不是更大。我早該明白這點，因為這些年來我發現，最有趣的共事經驗往往來自於不想再擴張成長的組織，包括許多學校、醫院、球隊、俱樂部，甚至家族；一旦達到最適規模，再增添分毫對他們而言都沒有意義，甚至有害。對這些組織而言，成長的關鍵不是更大，而是更好，當然如此一來必然會有人問，在哪方面更好呢？於是又回到幾個尚未解答的問題：為什麼要更好？在哪方面更好？對誰而言更好？

許多由家族經營的德國中堅企業（Mittelstand）也戮力追求更好，而不是更大。這些家族擁有的中小企業大半從事製造業，是德國經濟的中流砥柱。他們不輕易負債，注重長期投資，刻意避開股市。這些中堅企業在許多利基產品市場上，都是龍頭老大，他們的目標是把一件事做到極致。為了求生存，他們必須投資於優質工藝和研究。這些企業通常坐落於小鄉村，雇用數百名員工，而非擁有數千人力。他們是以人為本的企業，充分理解員工的重要性，很重視員工的福祉和訓練。他們重視工作甚於獲利，但利潤自然隨之而至，而他們會把大部分利潤用於再投資。一位家族事業成員曾告訴我：「在這個家族裡，你不可能發財；賺的錢全部都會回到企業。」要是有更多這樣的企業就好了。

相反的，上市公司在股東驅策下，往往假定更大必然更好，但問題是：「對誰來說更好呢？」在顧客眼中，企業規模太大，可能變得沉悶乏味。假如不管到哪個購物商場，都看到相同的咖啡廳、餐館、超市和服裝店，可能覺得有如回到舊蘇聯時代，每個人都穿相同的衣服，吃相同的食物，反而會渴望不同的變化。最後企業可能變得過於大而無當，例如麥當勞和特易購（Tesco）都訝異的發現，公司銷售額在二〇一四年慘跌。

更大不見得能帶來更多財富。關於企業收購的研究再再顯示，在大多數收購案中，收購都沒有為買方股東創造更多價值，卻會提高員工流動率和總雇用人數；雖然因此擴大組織高層的權力和威望，但也相對削減基層員工的影響力和重要性，基層員工如今得在更大的機器裡當更小的螺絲釘。當然，有些併購案理由充分：為了捍衛既有市場或打入新市場；為了創造經濟規模，或合理化生產、配銷流程，因為兩家公司合併後的產銷成本通常都低於一家公司單打獨鬥。但是通常到了某個時點，更大會變成太大，雖然不那麼顯而易見，但經濟規模會帶來心理和社會層面的損害，組織因為規模過大，而變得難以有效管理。

G4S就是個好例子。G4S最初乃是由英國和丹麥的兩家保全公司合併而成，在二〇〇八年繼續大舉收購，買進十幾家公司，如今雇用總人數已經超過六十二萬，成為繼沃爾瑪和富士康之後全球第三大民營企業。但沃爾瑪和富士康都緊密聚焦在零售業或製造業，G4S則廣泛延伸觸角，在一百二十五個國家中為政府和其他機構提供保安服務，有效執行政府不想做的維安工作。但近年來，G4S深陷醜聞和失誤。二〇一二年，他們沒能依照合約要求，為倫敦奧運提供充足的維安人力，以至於英國政府還需要動用軍隊來彌補漏洞。G4S還被控向英國司法部虛報電子監控標籤使用量，將已死亡、已在獄中服刑、已經移除電子監控標籤或從來不曾配戴標籤的罪犯都納入收費範圍，後來G4S同意付一億零九百萬英鎊和解。可以想見，中央不可能隨時都清楚各單位的動向。在龐大多元的事業體中，要塑造共同的文化一定相當困難。因此我們忍不住要問：如果看不出明顯的規模經濟或異花授粉效益，何必非搞得這麼大不可呢？我想大概是高層的自大心理作祟吧！

他們往往禁不住誘惑，透過併購手段，達到成長目的，但結果可能造成寡頭壟斷，讓幾家大企業主宰某個經濟部門，阻礙有效競爭。當政府透過採購政策，打造出這些怪物企業，等於在教唆、扶植這類原本應判為非法的寡頭壟斷行為。谷歌或臉書這類新興資訊業的財源主要都來自廣告收入，使用者全拿現象是共同特色。規模非常重要，市場領導者會排擠或收購所有可能的競爭對手。反托拉斯法似乎不適用於沒有競爭者可串謀的市場，而管理當局似乎也不願干預，或根本無能為力。美國政府過去曾經分割AT&T，面對新崛起的巨人時，為何不如法炮製呢？

大，或許十分誘人，但真的有必要嗎？一味追求更大，是明智之舉嗎？早在一九三〇年代，羅納德．寇斯（Ronald Coase）就曾為大公司辯護。他認為，什麼事情都由公司內部處理，不必和外面公司一一協商談判，這樣就可以降低交易成本。簡單來說，如果人是你雇來的，你就可以指揮他們做事。採用寇斯的主張，就會形成整合式組織，與組織產出相關的一切都為組織所有，並由組織管理。五十年後，寇斯因為他的洞見而獲得諾貝爾獎。但通訊技術的新發展讓寇斯的論點逐漸受到質疑，愈來愈多公司開始把許多非核心活動分出去。他們發現，省下的管銷成本和員工福利都超過可能產生的交易成本。因獨立自主而產生的心理效益也能彌補喪失掌控權造成的損失。簽約與結盟比所有權便宜許多，而且通常效果更好。酢漿草組織早已來臨。

根據寇斯的理論，英國國民健康服務（National Health Service）體系的各種機構總共有一百三十萬人，顯然規模太過龐大，不適合整合成單一組織。許多人大聲呼籲應該採取聯邦制，讓各地區分別設立組織。如此一來，就可以根據當地人民整體的健康改善狀況，來判斷分支機構成功與否，讓預防變得和照護及醫療同樣重要。依照聯邦制的原則，中央掌控組織的策略、重大投資和核心人員派任，同時也監督重要成果和控制成本，但除非碰到特殊情況，否則不會直接介入指揮或掌控。如此一來，或許可以讓龐大的組織縮減到較符合人性的規模。

企業和政府在開創第二曲線時，必須強調一個新重點：合作，而非控制；更好，無須更大。政府可以進一步限制某些產業寡頭壟斷的傾向，也可利用稅制來鼓勵小公司維持私有，而不要一開始賺錢就急著上市，藉以致富。德國的銀行則藉由長期貸款，提供企業金援，不像英國和美國銀行偏好由市場主導的短期融資。

夠了就是夠了

追求更大甚於更好的人必須面對一個問題：真的有「足夠」這回事嗎？有人問洛克斐勒（John D. Rockefeler）這個問題時，據說洛克斐勒回答：「什麼足夠？再多一點更好！」凱因斯則不以為然。他認為經濟問題自然會適時解決，到時我們所有的生理需求都會得到滿足，每天工作三小時就夠了，問題只剩下要拿那麼多閒暇時間來做什麼。目前為止，現實情況已經證明凱因斯錯了。我們的需求（或更正確的說，我們的欲望）增加的速度和收入一樣快。我們的胃口不斷擴大，永無止境。從這個角度看來，洛克斐勒說對了，但凱因斯也沒錯。

假如我們遲遲不肯對自己說：「夠了就是夠了。」我們永遠也無法自由自在探索其他的可能性。因此凱因斯有一件事說得很對，假如我們限制自己的需求和欲望或對成功的期望，就能擁有更多可支配的時間。當我們無休無止的追求更多時，就會被自己無止境的企圖心所奴役。據說所有政治生涯最後都將以失敗告終，除非政治人物能在未達終點時就急流勇退，告訴自己夠了，轉換到不同跑道。企業不可能永遠呈現指數成長。不斷成長會讓企業規模過於龐大，無法好好管理，因此必須化整為零，重新組織，聚焦於新方向。與其不斷擴大規模，還不如發展與眾不同的特色，效果更佳，獲利更多。這是第二曲線背後的論點，與眾不同能帶來更豐碩的果實，勝於不斷追求更多相同的東西。

尤其不要墜入追逐更多金錢的陷阱，因為對金錢的追求往往看不到明顯的盡頭。總是有人比你擁有更多，成為你比較和挑戰的對象。這是成長的弔詭之一，最後你永遠不會感到滿足。其中一個解決辦法就是說「夠了」，然後邁步向前。但知易行難。我和內人每年都設定需要達到的年收入目標，以及我們需要分配多少時間來賺錢。我們發現，設定的目標愈低，我們就愈能自由自在接受凱因斯提出的挑戰，善用多出來的可支配時間。由於目標是我們自行設定，所以我們不會忌妒別人賺更多錢或達到更大的成就。人生究竟要怎麼過，完全由我們自己掌控，而不是靠市場力量來決定。自願過貧窮生活的人其實是有福之人，因為他們有更多的自由和機會來追求自己心目中的成功。當然，若是被迫窮困潦倒，又是另一回事了。

進一步檢視就會發現，成長是個過於簡化、令人困惑的目標，因此追求成長時必須小心謹慎。如果社會普遍認為愈多必然愈好，那麼這可能是個充滿忌妒和不滿的社會。踏上第二曲線的社會能找到更好的方式來衡量成長，在記錄成功的同時，也記錄缺陷，因此所有的事情都會包含在內，也納入計算。第二曲線的社會將鼓勵「足夠」的觀念，抑制未經深思的消費主義和個人負債。第二曲線也將促使某些企業巨擘和金融巨人分拆為眾多單位。我們應該把成長當作達到更崇高目標的手段，而不是把成長本身當作終極目標。

第七章
資本主義的玻璃塔

我們需要新的資本主義嗎？

如果沒有資本主義和自由企業制度，我們不知會落到何種境地？過去三百年來，資本主義豐富了我們的世界，今天仍繼續創造財富和工作。不過和其他許多人一樣，你必定會問：財富和工作是否公平分配？社會是否逐漸被掏空，人民和民選政治人物也變得愈來愈沒有力量？方濟各教宗（Pope Francis）二〇一三年在他的第一道通諭中，感嘆以利潤為先的市場經濟有如毒藥。世界各地的示威抗議者都呼應他的感嘆，為一％和九九％之間日益擴大的鴻溝感到忿忿不平。我們必須問：資本主義是否弄巧成拙？我們能否把它塞回盒子裡，卻仍保有它的活力和創造力？現在還來得及嗎？

十九世紀中葉，合股公司和有限責任制在英國普遍實施，這兩項極具創意的社會發明推動了資本主義的發展。兩者相加之後，投資風險得以分攤，也受到限制，為工業革命推波助瀾。但原本很好的想法卻在過去數百年來產生始料未及的後果（好的想法往往如此）。想要了解這些社會發明帶來的後果，只消觀察城市中不斷改變的天際線就好了；看看中世紀的古堡和大教堂如何逐漸被取代，先是代表人民的議會高高聳起，如今則充斥著企業閃閃發亮的玻璃塔。在一般過路人眼中，今天究竟誰才掌握真正的權力，似乎顯而易見。我們不禁好奇，數百年後的天際線又會出現何種景象。

這些玻璃塔充滿了弔詭。雖然披上玻璃外衣，卻看不到內部。雖是民主制度成功的驕傲象徵，卻有如獨裁政權般由中央嚴密控管。刻在門上、標示在屋頂的公司名稱，往往是一組沒什麼意義的英文縮寫，在門外漢眼中，這是由一些不知名人士，受玻璃塔中不知名機構代表的不知名投資人之託，所經營的不知名組織。難怪一般過路人會覺得權力和財富都已經超出他們的掌控，市井小民和廣大社會所關心的議題很可能遭到漠視，假如他們還會想這些問題的話。或許真正的問題是，許多人根本不會想這麼多，只一味假定事情原本就該如此：過去的奴隸制度不就是如此嗎？我們需要開展資本主義的第二曲線，但就這項今日迫切需要的文化變革而言，這實在不是最好的開端。

企業究竟為誰而存在？

今天有些企業喜歡用園區來取代玻璃塔，且蔚為風潮，於是企業看起來更像大學，有時連結構也仿效大學。我曾經待過的某個玻璃塔辦公室，如今搖身一變為智慧型公寓的客廳。但是這些企業園區的外圍有高高的柵欄，有警衛駐守大門，依然是市井小民的禁地，依然神祕兮兮，依然只對自己和投資人負責，並由他們的同類決定薪酬，小心翼翼的把薪酬訂在平均水準之上，因此平均薪酬水準不斷無情攀升。「誰能從中得利？」的問題依然渴望得到解答，有些人卻覺得答案再明顯不過了。在過路人眼中，這些玻璃塔或圍籬中的企業園區似乎只一味追求自己的利益。諷刺的是，開發中國家的人民對此感受最強烈，然而原本那裡才是最需要資本主義發揮效益的地方。當然，玻璃塔和園區內許多自認出於善意的企業人士並不這麼想，他們只不過是在艱難的環境中盡力而為罷了。錯覺往往會騙人。

離經叛道的管理思想家亨利・明茲伯格（Henry Mintzberg）曾強力主張，我們從蘇聯解體和自以為的「資本主義勝利」中學到錯誤的教訓。他指出，導致蘇聯解體的並不是資本主義，而是肇因於政府權力過大，以至於社會失衡。如今鐘擺晃到另外一邊：社會盲目崇拜民營企業，讓政府和多元化社會都付出代價。弔詭的是，到頭來沒什麼差別。明茲伯格引用經濟學家高伯瑞（J. K. Galbraith）的話：「在資本主義之下，人剝削人；在共產主義之下，則恰好相反。」

法蘭西斯・福山（Francis Fukuyama）和其他學者則辯稱，自由民主制度加上開放市場的資本主義是邁向成功社會的根本途徑（而且許多政治人物也如此假定）。但民主制度和資本主義可能同床異夢。假如對民主派而言，資本主義不再適用，他們可能會試圖摧毀資本主義，占領運動就是如此。然而他們也提不出合理的替代方案，還沒找到第二曲線。換句話說，單靠示威抗議，無法扼殺資本主義。比較可能出現的情況是，群眾施壓的結果是企業深陷重重限制和要求，喪失原本的活力。有些銀行業者擔心金融界已經出現這種情況。大家應該謹慎為之，否則就扼殺了會下金蛋的母鵝。如果這是復仇的話，復仇這道菜最好等涼了再上。

因此，無論是公司的行為模式或是給社會的觀感，的確都迫切需要推動文化上的轉變，不能單靠政府。就我的經驗，除非確信有相當多的選民能接受改變，否則政客不會輕易採取行動。但這樣一來，時間可能會拖太久。我們也不該禁不起誘惑，輕易拋棄過去曾嘉惠我們的好構想。企業是社會不容損失的寶貴資產。因此我們必須問，何以致此？過去的好觀點為何今天腐化至此？我們如何挽救優點，去除缺點？已經有許多人提出一堆很好的想法：透明度、當責、治理結構等大概都會列在優先清單上，但最令我憂心的是埋藏在這些技術性問題底下的大問題：企業存在的目的為何，或甚至企業是為了誰而存在？說得更具體一點，企業應該如何定義成功，衡量成功？

如果我們不嫌麻煩，花時間研究公司法，就會發現公司在界定自己的命運時，擁有的自由度其實已超乎過去某些人願意給予的程度，有各種不同的模式可供選擇。公司並不像某些人假定的，是股東的奴僕。公司在每個國家都是法人。股東並非擁有公司，他們只擁有公司的股份。兩者是有區別的。股東擁有的正式權利只涉及指派董事，以及清償債務和公司解體後的剩餘財產分配。而董事是對整個公司負責，並非只對股東負責。我們的社會出於對公司法的普遍誤解，才開始提倡以提升股東價值為公司主要目標、重視短期利益、將紅利和股價表現綁在一起的做法。

著名的奇異公司（GE）執行長傑克・威爾許（Jack Welch）曾說過：「股

東價值是世上最愚蠢的概念。」只不過他是在離開奇異之後才發表這番言論。這個概念儘管愚蠢，卻大為風行。一九九八年，我應邀會見英國公司法修法委員會。我試圖告訴他們，我認為公司的真正目的為何，但他們說，奉財政部指示，股東權益仍然必須是修法重點。最後他們在「股東價值」前面加上「開明的」（enlightened），同時加上一段話，說明必須承認其他利害關係人的權益。但這些含糊的字眼很容易就遭到忽視。

企業擴張，社會得利？

談到對公司法的嚴重誤解，大家很容易把矛頭指向兩個人：麥克．詹森（Michael Jensen）及威廉．梅克靈（William H. Meckling）。一九七六年，他們在當時還鮮為人知的《金融經濟學期刊》（*Journal of Financial Economics*）發

表一篇標題十分無趣的論文：〈公司理論：管理行為、代理成本與所有權結構〉（Theory of the Firm: Managerial Behavior, Agency Costs and Ownership Structure），概念的源頭可以追溯到前同事米爾頓・傅利曼（Milton Friedman）的論文。傅利曼早在一九七〇年就提出知名論點：「企業的社會責任就是提高自身獲利。」他主張，只要任由企業做好自己的工作，其他的一切自然也不成問題，社會將蓬勃發展，一切都會愈來愈好。詹森和梅克靈發表論文後的一、二十年，他們的論文成為最常被引用的經濟學論文。

詹森和梅克靈認為，公司其實是許多合約關係的組合，董事和經理人只是公司所有者的代理人，並非為了自身利益而擔當職務。他們主張公司董事和經理人應該與股東結盟，也應比照股東，用股份、股票選擇權和紅利來獎勵自己，而這些都會受股價牽動，同時也還持續享受到基本薪資保障。如此一來企業將經營管理的重心放在立即和短期績效上，自然會犧牲長期投資。更糟的是，當時世界各國紛紛開始設立商學院，新興的商學院也採用這個概念，認為企業經營的目的是創造股東價值。此後三十年，一批批野心勃勃、才華洋溢的年輕人走出商學院，踏入企業界，整個世代腦子裡都認同這樣的概念。

一九七一年，我邀請吉姆．史萊特（Jim Slater）到倫敦商學院演講。史萊特為史萊特渥克公司（Slater Walker）創辦人，當時在新興的私募基金業是呼風喚雨的人物。他表示：「我是英國唯一不為錢工作的商人，因為賺錢是我唯一的興趣。」學生全都聽得入迷，腐化從此開端，而我的罪過不亞於任何人。隨著誘人的訊息四處散播，企業不再專注於生產與做事，只把利潤當作企業的諸多成果之一，而是完全把焦點放在替股東、也替自己賺錢。財務人員取代工程師，成為製造業的公司領導人，公司文化也隨之丕變，成為賺錢機器。如果這一切真是因詹森和梅克靈的論文而起，那麼不但證明某些觀念的確有改變世界的力量，也印證凱因斯的名言：「自認不受任何理論影響的實踐者，往往成為某些過氣經濟學家的奴隸。」

人們花了四十年的時間，才了解傅利曼的觀念行不通。社會並未從中得利，而且當銀行和企業都過度擴張時，整個社會在二〇〇八年幾乎分崩離析。和當年傅利曼說這句名言的時候相較之下，社會上大多數人的實質財富並沒有增加，雖然其中百分之一的人日子過得非常好（感謝您！），這些人是誰也就可想而知了。但即使應該受惠於這個理論的公司股東，都沒有得到什麼好處。傑出的學者羅傑・馬丁（Roger Martin）曾經計算過，整體而言，從一九七〇年以降的四十年間，企業的獲利低於一九七〇年之前的四十年（當時的經理人領的是正常薪資）。如果今天我們似乎過得比較好，其實是因為過去每戶人家只要有一個人賺錢就夠了，如今卻大半都得仰賴雙薪，而且還工作得比過去更辛苦，工時更長。真是始料未及。

不幸的是，玻璃塔的居民仍然高高在上，盤踞在他們自己的世界裡。就以最近美國興起的股份回購風潮為例，威廉・拉佐尼克教授（William Lazonick）曾經算過，二〇〇三到二〇一二年名列標準普爾五百指數（S&P 500 index）的四百四十九家上市公司，拿五四%的盈餘來買回自家股票，總金額高達二・四兆美元。由於股利另外占了盈餘的三七%，因此公司盈餘只剩下微薄的九%可以拿來重新投資。當公司手上的資金（理論上）超過了保障未來所需的金額時，就會買回股份。購回自家股票意味著未來將有較少的股份來分享相同的利潤，因此會推升股價及股東權益。對企業高層而言，這是美事一樁，因為薪資結構設計愈來愈和股價掛鉤，美國企業高層主管的酬勞有八成來自股票所得和股票選擇權；但對其他人而言，就未必是好事了，因為我們寧可公司把錢投資於新產品和員工培訓，或拿來為中低階員工加薪。更奇怪的是，像蘋果這類公司一方面在海外累積龐大獲利，達到節稅的效果，同時又在國內借貸可減稅的資金以購回自家股票，於是把利潤安全的留在海外。當然也有例外，並非所有企業董事都這麼自私自利。但例外畢竟是例外。

拉佐尼克指出，從第一次世界大戰結束到一九七〇年代末期，全球的企業董事會莫不奉「保留盈餘並重新投資」為圭臬。如今的信條則是「縮減規模及分配盈餘」給自己和股東。我們已經不再創造價值，轉而萃取價值。他說的沒錯。我在一九五六年開始為皇家荷蘭殼牌集團工作，總經理在第一週培訓課程開始時，對我們這群新進主管說的一番話，讓我記憶深刻。他說：「我們是世界能源供應體系中很重要的一環。我們的職責是供應顧客所需，並確保企業的長程未來。我們必須有實質獲利，才有辦法資助未來的發展。我們也必須以股利的形式，為動用股東的錢而支付他們租金，租金中包含了風險溢價，不過就我們的情況而言，風險溢價很低，我們希望繼續維持這樣的情況。」我非常好奇他今天還會不會這麼說。

企業更老、更胖、更少

位居金字塔頂端的企業高層一定認為自己才智出眾，理應獲得高報酬。古希臘人稱之為「hubris」，就我所知應該翻譯為「傲慢自負」，通常開始出現這樣的心態後就容易步上衰敗。許多基本事實告訴我們，多數公司崩落的速度可能比我們預料的還要快。近來有一份布魯金斯研究院（Brookings Institution）的研究報告發現，美國有三四％的經濟活動來自創立十六年以上的公司，這個比例在二十年內提升五〇％。新公司不但數量減少，壽命也大不如前，預示前景堪憂。今天美國上市公司的總數比十五年前減少五〇％；其他國家的情況也差不多。布魯金斯報告的結論是，至少就美國而言，企業已經變得更老、更胖、也更少。大家都應該關心這個問題。

我們能放心的把未來寄託在這些日益老化、傲慢自大又自私自利的龐大組織身上嗎？或許是時候了，我們應該重新把企業定位為負責任的社群，會關照所有成員的需求，企業的核心宗旨應該是經由持續自我改善和不斷投資而追求基業長青。我把焦點放在企業資本主義最發達的美國，但在其他經濟體，也可以看到相同的趨勢。在歐陸，由於公司治理結構較嚴謹，企業更仰賴銀行提供長期融資，發揮一定的保護作用，但即使如此，仍然可以感受到股東價值模式帶來的誘惑和壓力。

我們理解公司的方式錯了。公司不是股東、債權人和董事創造的產物，公司是由所有在公司工作、與公司合作的人結合而成。公司是一個社群，是為共同目標通力合作的一群人聚集而成的社群。企業是人類生活中對我們的福祉至關重要的組織，竟然合法的以賺錢工具的角度來對待公司成員，真是太奇怪了。不管是為了企業員工的福祉，或是為了組織健康著想，都應該是解放這些「工具」的時候了。自由人都不喜歡成為別人的工具。愈演愈烈的趨勢是，頂尖人才要不就拒絕加入這樣的組織，要不就開出極高的價碼，以彌補自己所犧牲的權益。孔子說：「君子不器。」一八九一年，教宗利奧十三世（Leo XIII）在他頒布的《新事物》通諭（*Rerum Novarum*）中論及「資本與勞動的權利與責任」說：「為了追求利益，誤將人當物來使用……是真正可恥和不人道的行為。」但言者諄諄，聽者藐藐。更糟的是，許多人還高興得不得了，樂得加入這種自願性的奴役狀態。在超過一百二十年後的今天，該是時候開始注意這個問題了。

當我們把公司想成社群，而不是資產時，就會衍生出許多有趣的含意。雖然我們能提供社群金援，與它利害相關，卻無法擁有社群。社群的成員雖然屬於社群，卻非由社群所擁有。「公司」的英文「company」正暗示公司是由一群「同伴」（companion）所組成，應該視他們為企業的公民，而非受雇的員工或「人力資源」。公民有責也有權，他們的利益和公司整體利益（或至少和他們工作單位的利益）密切相關。公司董事會應該對所有公民和公司內外的相關利益團體，擔當起對公司和公司未來的責任，而不是只對出資者負責。如此一來，企業才能回歸到公司法的適當詮釋。對民主社會而言，這是更自然而恰當的詮釋。

當然，為整體社會創造財富，以合理的價格產出顧客需要且想要的產品和服務，提供就業機會，並為在裡面工作的人提供某種生活方式，同時不破壞周遭環境，都是企業社群的適當責任。換句話說，他們不僅為了自身利益，也是為了所有利害關係人的利益，必須善盡職責，而且持續這樣做，時間愈久愈好。

假如我們不想全都被迫成為待價而沽的傭兵，有案子時就受聘工作，沒有需求時就無事可做，如果我們想要先忠於自己，然後忠於手邊的案子，最後才輪到忠於聘雇我們的組織，那麼我們就必須培養公民的文化。其中牽涉到的文化變革就是資本主義迫切需要的第二曲線。或許有人會說，這只是在語意上吹毛求疵，但遣詞用字很重要，會提供探索意義的線索。一旦用語改變，思考方式也會跟著改變，結果也改變了行為模式。

公民形成的組織會是哪一種模樣？又有什麼不同？我們將在下一章裡討論這些問題。

第八章

公民組織

組織應該更民主嗎？

「他們為什麼不能更像我們一點？」說話的人是大學副校長。她之所以這麼說，其實是在回應我的觀察：多數大企業似乎都不那麼像民主政權，反倒比較像過去中央集權式的共產政權。共產政權之所以崩解，是因為官僚體系過於僵化，以及無法激發民眾追求目標的熱情與活力。我認為，西方企業可能也難逃相同的命運，除非他們能設法讓員工參與組織的治理和經營管理。正如我在上一章所說，畢竟我們稱這些企業為「公司」（company），表示我們的共事者應該是同伴，而不只是受雇的員工。

我的朋友這麼說，自然有她的道理，雖然我跟一位企業高層提到這番話時，他的反應是：「只能靠老天保佑才辦得到！」由此可見企業民主化的展望是多麼遙不可及。但我是說真的。大學有很多值得企業學習之處，正如同企業也有一些值得大學效法的地方。大學是儲存人類智慧財產的寶庫，必須把主要工作人員視為組織一分子，是提供大學資源和共同管理大學的人，而不是雇員。大學能夠有效自我治理，雖靠國家資助，卻非任何人所有。大學自行設定目標和衡量成果，只對學校本身、學生和大學的願景負責。雖然大學從未如此自稱，但大學其實是一種互助組織。今天的企業也一樣，只是他們從不承認這點。雖然員工可能是企業最重要的資產，卻不表示員工只是企業視需要運用的人力資源（這個名詞真令人沮喪）。員工是獨立的個體，是公民而非臣民，也應該獲得公民身分的對待。

以古雅典為師

大學組織是被迫實行民主制度。教師是大學最重要的成員，他們很清楚自己是組織唯一的實質資產，而且組織沒有充分資源足以買下他們的民主權利。奇怪的是，我們可以在全盛期的雅典城邦找到大學建構模式的典範。當時的雅典城邦已粗略的具備民主政治的雛形，從一開始，雅典人民就認為自己是公民，而非臣民。雖然我們不能武斷認定歷史可以複製，但還是可以從歷史典範中學到很多。先思考事實。在雅典獨立存在的兩百年間（已經是大多數組織夢寐以求的壽命），雅典人曾贏得多場重要戰役，建立帝國，又失去帝國，飽嚐戰敗之苦，面臨組織危機，但透過自我治理的民主制度，雅典人屢次從谷底反彈，恢復繁榮，並將雅典在創新和文化上的成就發揚光大。我們至今仍念念不忘雅典人所建立的組織，他們的非凡成就可說超越許多近代的企業帝國。

正如同古代的雅典城邦，大學不會隨便賦予任何人公民權。唯有在雅典出生並擁有財產的男子才能取得雅典公民的身分。在大學中，教授終身職可算是取得完整公民權的標記，但唯有資格通過審核者，才能享有終身職，此後即終身為大學的公民。為了回報大學賦予的特權，他們必須一方面自重，同時也尊重大學；這是身為公民的弔詭，要求一個人在自我利益和對社區的貢獻之間求取平衡。和雅典公民一樣，大學公民通常都隸屬於某個小團體或系所，同時也是全體教職員的一分子。大學的重大決策必須通過公民大會，通常稱為「評議會」，等於大學的立法機構，和所有雅典公民都有權參加的公民大會類似，雖然大多數人都很少參加。日常事務則由規模較小的行政單位來處理。大學也和雅典一樣，大家輪流扮演管理者的角色，各院系的院長、系主任或所長都有固定任期，之後就回歸學術崗位。大學裡還有其他支薪的工作人員，他們既非教師，也沒有投票權。也許他們也應該享有投票權，否則就有如雅典婦女，雖然在家裡可能說話很有分量，卻不能對公共事務表達意見，或甚至淪為沒有任何權利的雅典奴隸。

不過結果不見得總能一如預期，在和諧氣氛下達到高效率。這樣的決策過程可能冗長而緩慢，雖然最後的結果不一定更糟；個人議程可能阻礙團體進度；小團體可能是助力，也可能是阻力；公民身分的安全感可能導致作風謹慎保守，而不是大膽開創新願景，和末代的雅典如出一轍。同樣的，過度自信的公民大會可能導致虛榮的冒進或過火的策略，就好像在伯羅奔尼撒戰爭中，雅典人遠征西西里注定失敗一樣。也許弔詭的是，民主制度需要靠強力領導，才能運作順暢。雅典在黃金時期乃是由克利斯提尼（Cleisthenes）或佩力克里斯（Pericles）所領導，兩人都高瞻遠矚，才幹出眾，能夠說服雅典公民，而不是單靠發號施令來達到目的。

大學也一樣。唯有大家普遍接受的強勢領導人才能號召公民，為超越小我的共同目標而努力，並說服民眾為了大我，犧牲小我。否則，無所作為帶來的挫折感可能引發分離勢力，而且就像雅典一樣，終於發生政變。雅典敗給斯巴達後，再也不曾找到第二曲線，從此慢慢步上長期衰敗，但雅典的公民參政模式卻延續了兩百多年。許多大學可能追平或遠遠超越這項紀錄，比起大多數上市公司的有效壽命，這樣的表現還不算太差，第一章提過，目前企業平均壽命是十四年。

雅典自治城邦的模式雖令人佩服，但大學畢竟不是國家，企業更加不是。大學無法涵蓋員工的完整人生，員工也沒有預期會在大學工作和生活一輩子，或甚至很長的時間。他們期盼即使組織崩解，自己仍會存活下來，因此他們的承諾和參與度自然不是那麼高。當組織由外部人士所擁有，而他們或出於私欲，或在許多國家中囿於法定義務，會優先考量自我利益時，組織照顧員工的責任就受到嚴重局限。儘管如此，雅典能在兩百年的變動起伏中，持續生存繁榮，在背後支撐他們的理念確實也適用於現代企業。

鼓勵公民參與

和許多企業比起來，志願性組織對它們的公民更加友好。和大學一樣，公民也是志願性組織的主要資產，可以想見，他們也希望參與所有的決策。這類組織也會制定章程，選出議會，督導管理委員會的運作。他們絕對是把客戶或顧客擺在第一位，組織的財務是手段，而非目的。這點清楚顯示於組織年度報告，年報通常先說明他們如何善盡對客戶的職責，達成組織目標，最後才提及財務狀況。公司年報則恰好相反：一定先報告與金錢相關的成果，把顧客和員工擺在次要。

企業一向規避大學的參與式管理模式，認為這種方式過於緩慢而麻煩，儘管如此，他們仍不得不正視主要資產（也就是公民）日益高漲的要求聲浪。事實上，財力雄厚的企業早已用高薪、紅利和股票選擇權買下核心員工的公民權，賄賂他們默默服從統治者，在一定的價格下，甘願成為組織的臣民，而非公民。但雇用為錢而戰的傭兵可能要付出昂貴的代價，而且往往只有短期效益，因為這些人力資產會不斷抬高價錢，或另謀高就。無論喜不喜歡，企業和其他組織都必須在不犧牲組織效率和策略願景的情況下，設法納入公民權的概念。

組織在思考時，應該好好參考近來有關大型組織員工參與度的研究。這些研究的發現頗令人憂心：八成受訪者說他們並沒有用心投入組織的工作。一位法籍企業執行長表示：「他們只是露個面，然後就等著下班回家。」他們只是為了薪水而上班。更糟糕的是，八成的受訪者中，有四分之一的人故意不認真投入，而且一旦受到刺激，隨時準備啟動負面能量擾亂工作。只有兩成的受訪者積極投入，努力工作，在某些調查中，這項數字更低到只有一三％。

竟然有這麼多人醒著的時刻只是在做做樣子，敷衍了事，實在太可悲了，令人難以置信。即使只為了讓員工更用心投入工作，我們都必須重新思考組織的設計方式。

我們需要的新曲線是在民主架構中鼓勵公民積極參與。有的人認為互助社興起正是第一個徵兆，英國的互助社如今每年成長九％，而且表現勝過傳統公司七％。不過，雖然互助社是公民組織的重要先驅，卻只代表其中的一種形式。

重要的不是試圖鉅細靡遺的仿效大學或古雅典人的做法，而是採取較政治性的觀點來檢視組織，從中挖掘出更多潛在可能性。

比方說，可以藉由探討公民擁有的權利，讓個人與組織建立更穩固的連結。

歐盟的社會立法正是依循此道，將員工的法定權益引進所有中型及大型組織，包括最低休假日數、育嬰假、面對不公平解雇時的申訴權，以及碰到影響工作的重大決策時，員工有權被告知和參與協商。

有些組織進一步實施所謂的「開卷式管理」（open-book management），組織對所有員工開放所有資訊，還會協助員工詮釋資訊。在雅典，公開透明是建立信任的重要方式。

組織還可以進一步提供終身職員工所謂的「無限期契約」，讓他們和股東享有相同的表決權。組織可以將固定比例的選票，或許用不可買賣、但有權表決的股份形式，分配給員工，讓他們在面臨組織關鍵決策時，可以有效發言。另一方面，關鍵決策也必須獲得大多數終身職員工的認可。如果目前的職場趨勢能持續下去，這種方式或許不會真的那麼麻煩。為了追求彈性和降低成本，組織會將比較無關緊要的活動移到組織外部。如果有人能把某件事做得比你好，那麼付錢請他們代勞就成了，只要不必把他們列入薪水帳冊，無論他們做的是外燴、網站管理、會計、電腦運算，甚至人資都無妨。如此一來，組織只保留能稱為組織成員或公民的關鍵員工，外圍半獨立的委外人力變得有點類似古斯巴達的奴隸或古雅典的婦女，雖然是必要人力，卻沒有被納入組織。

酢漿草組織

有些企業更進一步，將實質股份分配給員工，像英國的約翰路易斯百貨公司（John Lewis）般，打造出由員工擁有的組織，雖然員工不能賣掉股份，卻能透過擁有股份，共享公司每年配發的股利。其他公司將員工股份存入信託基金，雖然每年配發股利，但員工不能享有表決權。有些公司甚至提供顧客股份，傳統的房屋抵押貸款協會就是如此。但必須在參與的需求和有效管理的需求之間尋求妥協，達到平衡，才能達到上述的有限公民權。我過去稱這類新型組織為「酢漿草組織」，如圖3所示。

酢漿草和三葉草一樣，只有三片葉子。在我的觀念中，中央葉片是由共同擁有關鍵智識及管理能力的核心人力所組成，管理思想家蓋瑞．哈默爾（Gary Hamel）以及已逝的普哈拉（C. K. Prahalad）稱之為核心競爭力。第二片葉子代表次要組織，是組織外包某些輔助性工作的對象。第三片葉子由受雇的個人組成，有些人雖然具備高度技能，但因酬勞過高，無法全職受雇於組織，有些人則屬於低技能勞工，以兼差方式協助組織。三片葉子中間的莖

圖3

則是讓三者凝聚在一起的管理功能。如何平衡三片葉子要視組織的需求和情況而定。大學非常依賴中央葉片。許多小型顧問公司的運作則靠小小的中心加上第三片葉子的一群自由工作者。有些組織走過頭了，把太多功能放在第二片葉子，以至於無法掌控工作的某些重要層面。

在公民模式中，唯有屬於中央葉片的核心員工會被賦予公民身分，擁有公民的所有權利和責任。因此無論是大學、志願性組織或商業機構，對任何組織而言，酢漿草的確切形狀和平衡都是很重要的決定。一方面，他們不能太過慷慨大方的賦予公民權，另一方面，又很需要隨之而來的承諾。大學通常會等到某人表現證明自己的價值之後，才以終身職和永久契約作為酬謝。對企業酢漿草而言，關鍵在於股東的地位。股東不是、也不可能成為酢漿草的一部分。如果把比喻稍稍延伸，我們頂多可以把股東視為施肥者或播種者，雖然重要，仍是外部人士，是投資人，而非合作夥伴。身為投資人，他們有權選出公司董事。在公民式企業中，股東必須與公民分享這些權利。他們自然會抗拒，但也遲早必須接受一個事實：為組織提供知識、技能和活力的人，和借錢給組織、或很多時候只不過買下股份的人同樣享有影響組織決策的權利。

擅於分享和互動的新世代

公民權利是民主政治的核心概念。奇怪的是，英國迄今仍稱人民為臣民，而非公民。也許英國的組織會率先適度彰顯公民的觀念，即使出發點只是為了在唯利是圖的世界中設法求生存。真是如此的話，他們的合作對象將是過去三十年在新型態家庭中成長的新世代工作者。心理分析學家和著名的領導學專家麥克・麥考比（Michael Maccoby）描述在現代雙薪家庭或單親家庭中長大的新世代年輕人，由於從小就被送到托兒所，他們在社交性格上更懂得和別人互動。他們學會仰賴同儕甚於父母，他們能滿懷自信的接觸各種資訊，因此更勇於挑戰權威，也能自由自在的掌控自己的人生。

麥考比說，這類型的人比較習於分享領導權，而且由於成長經驗使然，他們往往不會視父母為權威，而是把父母當作提供服務的人，他們很小就學會談判的技巧。結果，質疑權威或反抗權威，對他們來說，完全不成問題。由於年幼時就在學校中學會與他人互動的技巧，他們喜歡團隊合作和解決問題，也努力培養這方面的技能。由於他們的教養過程使然，唯有懂得尊重他們的領導人，才能贏得他們的尊重。他們的工作知識通常勝過上司，能嫻熟的運用社群媒體和資訊科技，因此他們可能是難侍候、但又十分有趣的同事。總之，他們通常認為自己是獨立的公民，而非組織的臣民，也不準備順應官僚體系硬是加諸於他們身上的權威。雖然新崛起的一代或許並非人人皆如此，但麥考比確實描繪出我們預期在酢漿草組織核心葉片中看到的那種才華洋溢、滿懷自信的年輕人群像，他們對組織的未來至關重要，他們也是能體認公民型企業的價值並從中得利的一群人。

儘管如此，如果放任不管的話，企業不太可能自行採用任何公民組織的模式，因為他們害怕喪失控制權。危險的是，如果等到曲線早已攀上頂峰，需要辛苦面對心不甘情不願的員工和日益下滑的利潤時，才改變心態，恐怕為時已晚。過往經驗再度成為企業邁向新願景的絆腳石。未來的改變將來自於麥考比看到的新世代所領導的新組織，他們希望開創的公司將是自己也樂意效力的公司，因為組織或社會的第二曲線鮮少由第一曲線的主導者帶頭開創。此言雖然可悲，卻千真萬確。

第九章

新管理

什麼是新管理？
為何需要新管理？

我穿越倫敦最大的百貨公司，在床用織品部停下腳步，看著一疊又一疊、似乎永無止盡的毛巾、床單、羽毛被、被套，各種尺碼和顏色一應俱全。這些東西是怎麼到這裡來的？是誰下的訂單，決定類別、數量、尺碼？又由誰負責出貨、訂價，並一一上架？當然，其中牽涉到很多人，大多數人都互不相識。簡而言之，設計良好的管理系統能讓不同的群體一起完成他們無法自行完成的工作。只要細想，就會覺得這件事十分神奇，但我們通常不會想太多，總是視之為理所當然。然而不管到哪裡，無論在火車上或飛機上，我們看的電視節目、用的油或買的食物，每天都可以一再看到同樣神奇的現象出現。不知不覺之中，所有的小小片段都匯聚在一起，提供我們需要和想要的東西。這樣的魔法並非次次靈驗，但只要多半時候都成功，仍然很了不起。

這是為什麼管理對於現代經濟如此重要。大型組織需要仰賴管理。身為顧客的我們，也仰賴管理。超級管理大師杜拉克稱之為造就二十世紀的社會隱形核心資源。他指出，我們生活在龐大商業大象所主導的組織經濟中，大多數人都在這樣的組織中工作。那麼，倘若管理是如此重要，而且能發揮近乎奇蹟般的功效，為何在許多地方，管理的名聲這麼差呢？套句杜拉克的話，為何「許多管理方式反而增加工作上的困難」？新聞工作者賽門・考爾金（Simon Caulkin）也問道，為何管理者「依然繼續打造強調階級、標準化和服從、適合二十世紀初期的大量生產組織，而不是設法建立充滿彈性、以人為本的機構，讓科技不但不是威脅，反而成為員工和顧客的好夥伴？」有關管理是什麼、以及應該如何管理的舊觀念已經走到盡頭，大量生產的組織在規劃階段看起來挺好的，放到今天的現實世界卻行不通。這類組織的花費過於浩大，在裡面工作太過勞心勞力，組織也太過繁複累贅和龐大，帶來一連串困惑。我相信，我們在管理思考上也需要第二曲線，以解除困惑，提供新模式。

領導vs.管理

第一個困惑是管理與領導之間常見的混淆。管理或許是讓社會和組織凝聚在一起的膠水，領導則決定前進的方向，並確定一路上有人伴隨。我的良師益友及長期鑽研領導學的已故學者華倫．班尼斯曾說過：「管理者把事情做對，領導者做對的事情。」我還要加上管理與領導的另一個分別：我們會用「管理」來形容組織或系統；但談到人的時候，我們應該選擇的詞彙是「領導」。想想看，在大學或專業機構之類的組織中，人才一直是最重要和唯一的資源，這類組織通常會用校長、院長、合夥人或（就我的例子而言）學監等職稱來代表高階職位，而把經理的頭銜用在餐飲、交通運輸或工廠等以系統為要素的領域。

我們的用語再度影響了我們的思維。管理的語言是工程的語言，把人看成可用的資源，組織則是可以微調、操控和指揮的機器。沒有人喜歡被管理，但很少人認為接受別人領導有損尊嚴。這是因為領導的時候，我們會承認每個人都有自己的想法，必須設法說服、鼓舞和誘導。領導談的是願景、使命和熱情；管理則討論目標、控制和效率。管理要仰賴地位帶來的權力和職務賦予的權威；領導則需要仰賴贏得的權威，也就是相關人士賦予領導者的權威。

每個組織都需要領導，也需要管理，但都必須用對地方。管理過多而領導過少，會造成組織迷亂。另一方面，組織運作系統必須有好的設計和管理。要讓設計良好的管理系統有效運作，則有賴優秀的領導人注入熱情與活力。不幸的是，組織往往因為對官僚體系的強烈需求，而忽略領導的重要性。比方說，我們不會談到領導官僚或領導系統，然而我們必須再三強調，組織是社群，不是機器。機器需要管理，社群則需要領導，由管理輔助的領導。

政治歷史學家吉爾斯・雷迪斯（Giles Radice）在著作《古怪搭檔》（*Odd Couples*）中檢視在不同時期因歷史的偶然湊在一起的多對治國搭檔。他檢視的第一對搭檔是邱吉爾（Winston Churchill）和克萊曼・艾德禮（Clement Attlee）。二次大戰期間，兩人一起領導英國大聯合政府。兩人都需要對方，也正好互補：邱吉爾高瞻遠矚，極具說服力；艾德禮則扮演執行者和推動者，是天生的主席人選。邱吉爾顯然是領導者，但如果沒有管理者，他的領導力也無從發揮。艾德禮建立起讓國家順利運轉的系統，並維護這個系統。從這個角度而言，艾德禮是管理者。曾有人問艾德禮，邱吉爾做了哪些事，幫助英國打贏這場戰爭，艾德禮說：「他用講的。」當然，邱吉爾在這方面居功厥偉。有趣的是，艾德禮在戰後當上英國首相之後，仍繼續扮演執行政策的管理者，讓內閣的三頭大怪獸歐內斯特・貝文（Ernest Bevin）、安奈林・比萬（Aneurin Bevan）和賀伯特・莫里森（Herbert Morrison）擔當說服的重任，發揮領導功能。他們都很有智慧，了解自己的才能和限制，因為能同時扮演領導者和管理者的人可說寥寥無幾，然而兩個角色都很重要。無論在政界或商界，成功的管理者往往在擢升為領導者後，才發現雖然他們對系統和細節的重視在過去獲得良好成效，如今卻無法取代領導者所需要的遠見和說服力。

沒有執行者當後盾的領導者很可能失敗。我永遠難忘曾經有位朋友為了慶生而安排的一次大健行。所有參加健行的人分為兩組，大家約好最後在遠方的村子會合，一起吃中飯。「這條路我很熟。」有一位組員說，他是個傑出的外交官。「跟在我後頭就好。」但大家還忙著聊天之際，他已經邁開大步前行。等到我們抬起頭來，他已經走進林子，不見蹤影了，後來也都沒有再見到他。他需要找個執行者，把眾人聚攏在一起，組織起來。沒有追隨者的領導者，不會有太大的用處。

許多書籍都探討過領導力，他們的忠告可以濃縮在我聽過的這段給未來領導者的建議中：「了解自己，了解你想往哪裡去，了解你的人民，保持謙虛，願意聆聽。」其他的一切自然水到渠成。談到領導力時，我耳中常會響起約翰·加內特（John Garnett）主持倫敦實業社時說過的智慧話語：「假如你關心他們所關心的事情，那麼他們自然會關心你所關心的事情。」顯然如此，但知易行難。有些人雖然極具領導才能，卻很容易被熱情沖昏頭，邱吉爾偶爾會如此。但最優秀的領導者往往擅於因應挑戰，在考驗中淬鍊成長。有的領導者生氣勃勃，好發議論，喜歡站到第一線；有的領導者只是默默打造傑出團隊。只不過別期望他們同時也扮演管理者的角色。

信任 vs. 控制

第二個困惑在於信任與控制。我們大體都認為，信任花費較少，但採取控制的方式比較安全。我過去有個同事專門研究團隊管理，探討如何讓團隊有效運作。後來，他為了實現長期以來的夢想而離職，開了一家餐館。我再度見到他已經是大約一年後的事了。我對他說：「能夠在自己親手打造的組織裡實踐所有的想法，一定開心極了。」他回答：「說來好笑，我其實沒有真正動用過那些招數，因為我發現只要從一開始就找對人，而且他們知道該怎麼做，就會自動自發把事情做好。」

柯林斯在著作《從A到A+》中指出，成功的公司「不太費什麼心力因應變局，激勵員工，促進團結」；他們不需耗費太多心力，是因為員工自己知道該怎麼辦，而且希望把事情做好。你可以稱之為不需要管理者的管理。

我很幸運；我在皇家荷蘭殼牌集團承擔的第一項重要任務是派駐海外擔任經理，負責管理殼牌在砂勞越設立的行銷公司。砂勞越隸屬婆羅州，當地道路只有三十英里鋪上柏油路面。我當時才二十五歲，無論對管理、對石油、對行銷或對砂勞越，幾乎都一無所知，要學的東西實在太多了。那是一九五八年的事，當時我在砂勞越首府古晉市的辦公室與新加坡總公司之間無法通訊，如靠郵件往返，最快也要一個星期才能收到信。我的上司很少來砂勞越巡視，他們別無選擇，只能信任我的辦事能力。我孤軍奮戰，毫無援手，起初真是嚇壞了。但等到我開始犯下一個接一個錯誤時，才發現這種情況也不無好處：只要發現錯誤，我總是有辦法在總公司還沒有人知曉時，悄悄把錯誤自行改正。我學得很快，不消多久就能在不超支的情況下，準時完成交付的任務。在上級眼中，我的紀錄完美無瑕，但倘若他們當初更嚴密監控我的工作情況，我一定會受到懲戒，甚至被召回總公司。他們對我的信任冒了一些風險，但也省下不少錢，對我而言，則是一段刺激有趣、收穫豐盛的經驗。

現代資訊系統具備了迅速即時和無所不包的雙重優點，換句話說，我們可以密切監控企業營運的所有細節。但如果恣意濫用的話，也可能扼殺積極主動精神，引發怨懟和猜疑。有一項研究估計全球有兩千七百萬員工的網路使用狀況遭到監視。沒有人希望隨時被別人在背後盯著看。為員工制定一大堆規定，只會讓他們停止思考，以為只要不違規，就萬事ＯＫ。但正是這樣的思維，導致許多金融界人士做出雖然合法卻不負責任的事情。有家百貨公司的每個銷售助理都隨身攜帶一張卡片，放在胸前口袋中，卡片上面寫著公司規定：「做你認為對的事。」一各位可以好好想想，對這家店的人員招募訓練而言，簡簡單單一句話代表什麼涵義。信任並非憑空而至，但另一方面，控制系統和檢查人員也很花錢。如果能小心運用，而且只為凸顯異常而設計，自動資訊系統或許能成為可靠的管理工具，但千萬不要禁不起誘惑，只因為容易取得，就拿來使用。

效率 vs. 效能

第三個困惑則關乎效率和效能的分別。兩者原本應該是同一件事，但在實際運作上卻有所不同。效率從產入端開始影響，效能卻要從最終成果回溯。杜拉克也指出：「天底下最徒勞無功的事情莫過於發揮極高的效率，去做一件根本不該做的事。」我會說，反之亦然：只因成本較高，看似較無效率，就不去做原本該做的事，這樣也不妥當。英國政府要求監獄削減成本，提高效率，因此許多監獄為了維持必要的保安水準，只得砍掉他們認為非必要性的服務。專欄作家兼部落客門．客考爾金（Simon Caulkin）指出，問題在於早有明證，這些非必要活動（例如教育和園藝等活動）是防止受刑人出獄後再犯最有效的方式。換句話說，追求效率的節約會導致更多人因再犯而回籠，因此長期而言，反而會提高成本。假如他們從一開始就先看最終成果，比較獄政的不同層面所發揮的長期功效，那麼決策或許就會有所不同。

可以想見，組織都希望提升效率，因此會實施緊縮政策，並削減成本。如此一來，就比較不可能展開未經規畫或協調的行動。當組織中的個人或團體發現無法在未經許可的情況下擅自行動時，就會扼殺他們積極主動的精神，帶來混亂。中央擔心組織失去動能，士氣不振，於是忍不住加強管控，變得更中央集權。各單位不滿處處受限，開始放棄嘗試。於是，當組織迫切需要更多更好的創意時，效率反而扯了創造力的後腿。追求效率的壓力也會提高化約主義（reductionism）的誘惑：認為整體是部分的總和，只要把系統分解為各個不同片段，並設法讓各部分達到最佳狀態，就能夠得到最理想的整體結果。於是，組織變成環環相扣的眾多部門構成的複雜網路，不可避免的，交易時間和成本也隨之增加。或許在工程領域，化約主義的概念還行得通，但如果用在組織身上，就形成危險的謬誤。如果你想測試一下，不妨把提案交給十二個不同部門簽核，你就會明白我在說什麼了。

甜甜圈思維

許多人深為效率和效能的衝突所苦，我的建議是不妨採取甜甜圈式的思維：

把所有任務和小組專案都想成甜甜圈。

這裡的甜甜圈是指圓心塗上果醬的英式甜甜圈（見圖4）。果醬代表個人或團體的根本核心工作，假如這部分沒做好，就等於把工作搞砸了。但除了核心之外，工作還有其他部分，果醬外圈的麵糰就是創新提案可以自由發揮的空間。但效率不喜歡留下太多自由空間，所以組織很容易訂出許多該做的事情，擴大核心工作。在最極端的情況下，整個甜甜圈都變成核心，組織能預見和規定員工的每一項行動，許多客服中心的運作方式就是如此，接線生完全受制於在螢幕上讀到的指示。下個階段就是淘汰接線生，交由電腦代勞，由中央百分之百掌

圖4

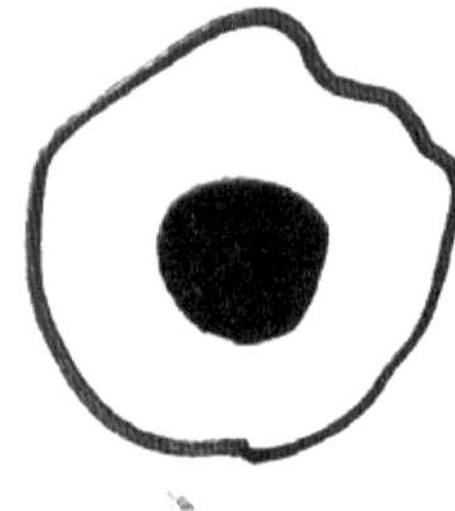

控，但可以確定的是，如此一來，就不會再出現任何預期之外的結果或創意了。效率會扼殺個人的創造力和主動精神。

妥協是比較好的解決辦法。由中央控制工作核心，同時將甜甜圈的外緣稍稍往中央拉緊些，限制員工自發性行動的範圍，但仍然保有個人和群體發揮創意的空間。那麼，組織如何確保員工的自發性行動符合組織宗旨呢？唯有相信他們都了解組織宗旨及相關價值，並本能的知道怎麼做才對。我之前提過，要形成這樣的文化，組織領導人必須確定員工都充分了解組織的宗旨、目標、價值和成功的條件，而且每個人都可以看到與成本和利潤有關的必要資訊。此外，很重要的是，個人或群體都具備填滿甜甜圈的必要能力，而且過去的紀錄也證明他們值得信任。甜甜圈式的管理強調大力投資於員工培育，短期來看或許所費不貲，但到頭來，信任的成本終究比控制低得多。在甜甜圈文化中，組織評估員工表現時看的是成果，而不是採用的方法；重視員工的效能，而非效率。效率應該是僕人，不是主人。

透過新技術可以兩者並行。正如同某些客服中心的做法，我們可以運用科技來削減自行判斷的自由度，加強控制；或是我們也可以透過只監督成果和揭露必要資訊，提升個人主導權。有些企業組織將甜甜圈模式運用到極致，容許各事業單位自主營運或創辦新事業，但有資金需求時，則需要得到公司同意。像戈爾公司（W. L. Gore）和Semco之類的公司多年來一直都這樣做。

近年來，中國家電巨擘海爾公司也把它當作組織的核心理念。海爾創辦人張瑞敏從二〇〇九年開始打破公司層級，如今海爾有兩千個自我管理的團隊。任何員工都可以透過檢視顧客意見和市場資訊激發創意（可能是新的家電模型或既有產品的新特性）。如果獲得管理階層核准，員工可以建立自己的團隊，實現自己的創意，包括必須說服專業人才投入時間到這個計畫上。團隊成員可以分享新產品帶來的利潤。張瑞敏在二〇一三年從舊層級裁減一萬六千名員工。今天的海爾公司事實上已經變成眾多小企業的聯盟或甜甜圈型組織，受到張瑞敏和一小批高階主管的嚴密監督。似乎愈來愈多中國公司正逐漸採取甜甜圈模式，讓許多創新計畫競爭顧客的青睞，因此顧客也被拉進來參與創新過程。擅於常識管理的巴菲特（Warren Buffett）在波克夏海瑟威公司（Berkshire Hathaway）的總部裡，只雇用二十五名員工來督導全球八十家公司的三十萬兩千名員工。他們的甜甜圈很龐大，不過基本原則沒變，透過信任和成果來管理，而不是仰賴控制和流程。

分配 vs. 授權

甜甜圈還有助於解決另外一個困惑，就是分配和授權的差別。將特定工作分派給某個人並督導他完成，並不算適當授權。授權是將某個工作範圍的責任交付他人，讓他們自行決定工作流程。換句話說，在這個完整的甜甜圈裡，由核心明訂應該完成的工作，但留下一些空間讓其他人決定怎麼做最好。當你以為已被交付工作責任，卻發現實際上不過是被分派工作，或這個甜甜圈其實全部都是核心時，可能會非常沮喪。

甜甜圈模式必須仰賴信任和互助合作，因此規模不能太大，因為你不太可能信任或仰賴你不認識或從沒見過的人。那麼，多大的規模才算大呢？牛津大學教授鄧巴（Robin Dunbar）得出一個數字。他檢視過去各種有關村落社群和部隊單位的研究之後，指出一個人一次只能追蹤大約一百五十人的動態。近年來自臉書社群的證據也支持這個數字，因此我認為這個數字提供甜甜圈模式的規模上限，雖然規模愈小，在運作上總是會更容易些。我一直主張，身為領導人，你必須了解追隨者。假如有太多人牽涉其中，你很難了解他們，遑論信任他們。甜甜圈的設計是良好管理系統的要素，而要發揮效能，甜甜圈式的領導至關重要。英國軍隊的組織正是以甜甜圈為基礎：一個步兵營每排有三個八人作戰小組，排長必須很了解屬下每一名士兵，才能在作戰時仰賴他們。多年來已經證明，即使採用的技術已大幅改變，把這種組織方式運用在各種不同情況下，仍然都很成功。

今天，各種組織都變得日益複雜和令人困惑，除了追求經濟規模，組織也藉由愈來愈複雜的系統、層級和各種協調小組來加強控制。很多時候，儘管效率提升，員工卻喪失熱情、活力和自動自發的精神。針對如何組織工作和規畫職場，現在該是我們拋開舊思維，開啟單純的第二曲線思維的時候了。我相信，到頭來良好的管理不過是每個人心裡的常識判斷罷了，只不過大家還沒有普遍採用這種常識管理。如果加上對同事的關心、謙虛的態度、願意聆聽、渴望看到工作完成的心態，那麼你就掌握住領導理論的概要了。我稱之為甜甜圈概念，因為我相信圖像比文字更有力量、更容易記住，也比較不會給人壓力。甜甜圈是我們每天都會看到、再平常不過的東西，管理也應該如此。

第十章
龐氏騙局

我們是否被債務所淹沒？
我們要承擔什麼樣的後果？

狄更斯（Charles Dickens）在小說《馬丁・瞿述偉》（*Martin Chuzzlewit*）中描述蒙塔哥・提格（Montague Tigg）如何在毫無資金的情況下，創立一家保險公司。這家盎格魯孟加拉貸款及壽險公司拿新保戶的保費來支付早期保戶的理賠金。我們不知道美國人查爾斯・龐茲（Charles Ponzi）是否讀過狄更斯的小說，但他利用買賣海外回郵票券套利的計謀卻採用相同的招數，挪用新的進帳來支付早期投資人和圖利自己。騙局在一九二〇年遭拆穿後，由於詐騙金額太過龐大，以至於後來類似的騙局都以他為名，稱為「龐氏騙局」（Ponzi scheme）。近年來伯納・馬多夫（Bernard Madoff）也採取極為類似的計畫，他的投資基金五十年來一直跟投資人承諾和支付高報酬，後來兩個兒子終於拆穿他的騙局，雖然早期投資人沒有損失分毫，但他承認已負債五百億美元。馬多夫後來被判刑一百五十年，目前在獄中服刑。

用明天的錢支付今天的花費

奇怪的是，過去被稱為「世紀大騙局」的技倆在今天的社會卻變得司空見慣。就拿英國的國家養老金制度為例。英國和大多數國家一樣，採取無提存的國家養老金制度，但這並非制度設計的初衷。威廉・貝弗里奇（William Beveridge）早在一九四二年就希望建立提撥制，讓人們最後領回自己繳的錢。但很明顯，實施這個制度等於是將目前仰賴養老金的人排除在外，所以後來很快又改成隨收隨付制，類似其他國家的養老金支付制度，但必須先繳款一定的時間，才能申請給付。

如今英國養老金乃是靠目前的收入來支付，理論上基金來自於退休者過去提撥的金額，實際上卻仰賴目前仍有收入者的貢獻，以及國民保險捐和一般稅收。許多繳付國民保險稅的人以為他們繳的錢全投入一個大金庫存起來，等時候到了，就用來支付他們的退休金或失業救濟金。但事實上，他們的錢會被用來支付比他們更早退休的人，而他們的養老金則要靠後代繳交的錢來支付。

在這種類龐氏機制中，只要新加入的勞動力一直比離開勞動市場的人多，就不成問題，而且理想上兩者之間的差距愈大愈好，因為可以降低成本。可是一旦數字出現變化，倘若人們變得愈來愈長壽，那麼情況就開始失衡。在過去的英國，每六個工作人口供養一名退休者，退休人口多半活到七十來歲過世。如果比例變成每兩個工作人口就要供養一名領養老金的人，而且老人家普遍活到將近九十歲（如同二〇五〇年的歐洲），又會是何種景況？當龐氏騙局失靈，就是所有人大難臨頭的時候。英國每年從國民保險捐取得的一百億英鎊收入早已入不敷出。比較誠實坦率的做法是，乾脆不要再假藉國民保險的名義徵稅，而把一切都納入一般稅收考量。

就個人層次而言，情況同樣糟糕。英國人的個人負債總額高達一．四兆英鎊，過去十年來增加了一倍，平均每戶負債五萬四千英鎊。這個數字雖然包含房貸，然而卡債和其他借貸仍然占了九百五十億英鎊。有趣的是，只有一八%的英國人視此為沉重負擔。太多人開心的享受龐氏生活，拿明天的錢來支付今天的花費，直到收入銳減，或借貸成本上升，房貸的成本又變貴了，才懂得後悔。在高負債的情況下，為社會底層貧窮人口設計的社會福利制度變得毫無意義，因為政府發的社會福利金可能有一半立刻被拿去支付發薪日貸款（payday loan）的利息，剩下的錢根本不足以餬口，更遑論償還貸款的本金了。於是，這樣的循環變成我們人生中難以掙脫的陷阱。

商界人士會說，在現代社會，貸款或所謂的財務槓桿都不是什麼壞事，可以讓大家盡快成長茁壯，無須等存夠錢再行動。財務槓桿不過是為「先購買後付款」取了個比較炫的名稱，只要得到的額外獲利高於借貸成本加上還款金額就無妨。我們家的家規是，最好謹慎一點，只借錢投資，而不要借錢消費；換句話說，在現代化社會中，房貸有它的好處，但卡債和透支可能是無底洞，只符合短期利益。就政府而言，也是如此。赤字就如同透支，只有從短期來看才合理。為了資產而融資舉債，例如房貸，是為了投資於未來。政府借錢投資的確有正當性，即使因此增加國債，只要最後產生的效益能合理化所付出的成本就無妨。但政府仍應審慎行事，不要讓國家透支過度，任由赤字增長，因為債務愈多，需要支付的利息也愈多。最好趁利息便宜時借錢。

在日常生活中，如果負債和赤字混淆不清，則十分危險。包括政府在內，大多數人每天都有現金流動，只要收入能打平支出，就可以高枕無憂。但這樣做風險很大。如果忍不住為了度假而提高貸款，就會增加債務，擴大赤字，等於在透支未來，不管對政府或個人而言，都非常危險。我很贊成英國政府讓養老金領取者在退休時完全掌控自己的養老金儲蓄，因為他們視公民為負責任的個體，但如此一來，公民就更需要明辨投資與花費的差異。到了人生這個階段，可能忍不住想要活在當下，把應該投資於未來的錢拿來花掉，一心指望到了必要時候，政府會伸出援手。

船到橋頭自然直？

事實上，政府能提供的援助一定很少。近來的調查顯示，一般英國人希望在六十三歲退休，搬到濱海小屋，離住得最近的子女十一英里左右，然後再活個二十五年。根據金融科技公司 True Potential 在二〇一四年做的調查，他們估計每年需要的養老金大約為兩萬三千四百五十七英鎊。今天許多證據都顯示，這樣的估計太過樂觀了。要達到這樣的養老金水準，他們必須連續四十五年、每年都存一萬零四百二十五英鎊才夠。但調查顯示，去年英國平均每人才存下兩千六百七十一英鎊，只能維持他們想要的生活水準五年。如果還想好好享受那二十五年的晚年生活，他們勢必要重新盤算一番。

更驚人的事實是，今天英國的工作人口有三分之一沒有任何私人退休金，也完全不曾盤算過退休後要如何生活，顯然他們以為船到橋頭自然直。他們要不然就是得一直工作到倒下為止，否則就得仰賴其他納稅人慷慨大度，在他們用完國家發放的養老金後，願意彌補不足，但納稅人不會無限度的慷慨下去。我們還沒有考慮一個驚人的事實：只不過短短兩個世代，人類的壽命已經延長了十五年，工作時間卻沒有加長。大多數人都在工作四十年後退休，然後再繼續活個三十年左右。很快的，我們過退休生活的時間可能和我們的工作生涯一樣長，真是令人難以置信。

大多數的國家都和英國一樣實施龐氏制度，目標只是要避免老年貧困，而非資助退休後整個生活。這是最大的誤解。國家養老金從來沒打算提供所有人舒適的生活，只不過企圖讓我們不要陷入絕對的貧窮。對大企業員工而言，以往的情況比現在好多了。和國家養老金不同的是，職業退休金通常由雇主和員工共同提撥，而且依通膨調整，確實能保證員工退休後的舒適生活，照顧員工的未來財務狀況。不過對大部分組織而言，職業退休金顯然成本過高，逐漸遭到淘汰，由確定提撥制取而代之。在確定提撥制中，你拿到的退休金和你及雇主提撥的金額相關，而且採自動註冊制，除非員工自己選擇退出，不然雇主必須自動為每一名員工註冊，加入最低限度的退休金計畫。

大部分的保護網都已經撤除，每個人愈來愈需要自力更生，為離開職場後的生計打算，政府只會發放非常基本的養老金以扶貧濟弱。在這種情況下，一味假定日後有需要時，錢自然會跑出來，真是不切實際。等到你終老時，龐氏制度再也行不通了，你最好自己及早打算。

大多數家庭面臨的問題是，他們早已負債累累，根本沒有餘錢可以儲蓄。倘若英國利率在二〇一五年上升到三%，每個家庭平均需要把一半的薪水拿來付房貸，而且這還沒把日益累積的其他債務計算在內。最簡單的脫困方法是透過通貨膨脹，長久下來，可以降低債務的實際價值。但政府到時候就會設法提高利率，以遏止通膨，於是拉高房貸成本。你永遠都是輸家，陷入進退兩難的處境。

令人上癮的龐氏思維

政府也碰到類似的問題。當然國家不會死亡，只不過可能會像希臘、愛爾蘭和葡萄牙一樣，走向破產。但是當領取養老金的人壽命愈來愈長，而新納稅人的數目卻日益下滑，龐氏機制就開始失衡了。德國和義大利等出生率急遽下降的國家都面臨嚴重問題。中國和日本也碰到相同的問題，而且問題更大。再加上退休老人的醫療成本節節上升，問題隱隱進逼，彷彿隨時可能迫降。

政府不同於個人，政府可以持續不斷借更多錢，直到沒有人想買他們的債券為止，而對美國、德國和英國等國而言，那還是很久以後的事情。但更龐大的負債表示需要支付更多利息，因此剩下更少的錢來填補龐氏機制的落差。結果長此以往，政府和老百姓一樣，也成為輸家。

龐氏心態已經成為現代社會的流行病。大家樂得活在當下，認為船到橋頭自然直。只不過問題從來不會自行解決。有些人是藉由我們的負債來賺錢，於是他們巧立名目，讓我們輕易就能挪用未來的錢來償付今天的開支。無論是發薪日貸款、汽車抵押貸款，或是零售商提供的免息分期付款，都鼓勵我們延後償還債務，希望日後能及時找到救急的錢。這種龐氏思維會令人上癮，而且十分危險。我們可能無法掌控自己的生活，只能聽從債主的指示。政府阻止不了我們自取滅亡，我們也不想受到他們干涉。的確，當政府迫切想要推動經濟成長和鼓勵消費時，他們不太可能試圖壓抑我們借貸消費的熱情。一切還是得靠自己。不過政府或許可以幫一點忙。

我的提議是，或許應該一筆勾銷所有家戶的房貸，金融專家會說這是對銀行和保險業者的一次「普遍剃頭」，一定會引發強烈的怒吼，但突然釋放出來的現金會啟動大量消費，促進經濟成長，有助於彌補損失。政府實施如此嚴峻政策的機率可說是微乎其微，但比較溫和的政策版本，例如要求所有房貸的償還日期延長五〇％，或許不無可能。

更有效的替代方案是，政府可以協助我們建立自我紀律，要求所有借款人在申請任何貸款時，都必須提供詳細資料，說明目前的財務狀況。英國已經這麼做了，要求在審核抵押貸款和發薪日貸款時，有更嚴格的負擔能力測試。這項要求本身可能是很好的提醒，讓大家檢視自己的整體財務狀況，包括是否為了更長程的未來做好充分準備。單靠信用查核和償債能力測試還不夠。這兩項考驗雖然能有效發出警訊，卻無法為找到的問題提供解方，只不過告知你不能取得這筆貸款或購買這個商品，提供的是保護，而非教導。因此除了查核之外，還需提供財務管理的忠告。就如同在英國，超速駕駛如果只是輕微違規，可以選擇要在駕照上違規記點，或是上一天的交通安全課程，同樣的，或許也應該免費提供訓練課程給沒能通過信用查核和財務測試的人。什麼都不做的危險在於，等到我們學到教訓時，為時已晚，到時再想做什麼都來不及了。

培養理財的智慧

基本上，由於人類壽命大幅延長，大多數國家都需要在此時此刻重新思考終生財務規畫的問題。其中一個可能的第二曲線是以新加坡為師。新加坡政府迫使人民審慎行事。根據新加坡的公積金制度，雇主必須為每名員工提撥薪資的一六％到公積金帳戶，員工則自付月薪的二〇％，政府用這筆錢來投資，而人民在需要因應退休生活需求時，或是有房貸、醫療保健或保險需求時，則可以依不同條件提取公積金。這是一筆屬於個人、也受到保障的積蓄，一旦永遠離開職場，就可以把錢領回。同時公積金也成為政府的資金來源。

這個制度和龐氏騙局完全不同。有趣的是，這個制度最初是由英國殖民政府在一九五五年引進新加坡，當時新加坡還是羽翼未豐的小國。和貝弗里奇當年的計畫一樣，可能要歷經多年發展，才能全面實施這樣的制度，但英國可以融合目前的國家保險金和職業退休金計畫，成為修正版的新加坡式養老基金，讓每個人更清楚自己已經為未來儲備多少錢，這是每個人為自己負責的基本要素。要推動本書勾勒的每一條第二曲線，都需要莫大的政治勇氣，但我在第十四章將討論到，在民主國家中，這樣的膽識十分罕見。

我們的社會漸漸成為一個人人為自己負責的社會，但問題是，我們必須學習如何透過自我教育，了解一些我們過去根本不必擔心、自然會有人代為解決的問題。了解金錢如何運作的理財智慧，就是其中一個有待學習的領域，而且並不容易學。學校或許能提供入門教育，不過我在第十三章會提到，除非立刻學以致用，否則我們很快就會忘記在學校中學到的東西。幸好年輕人要等忘卻課堂學到的教訓許久之後，才會真正碰到嚴重的財務問題。

來自義大利帕爾馬市（Parma）的洗碗工卡洛．龐茲（Carlo Ponzi），後來在美國搖身一變為查爾斯．龐茲，並一度成為百萬富翁，他需要為許多問題負責，但別忘了，龐茲走到人生終點時，可說是一貧如洗。

第十一章 公義社會

怎麼樣才算公平？

英文的「justice」這個詞頗令人困惑，因為它至少可以代表三種截然不同的意義：可能是指透過獎懲，讓人們得到應得的東西；也可能代表讓人們獲得所需；或者代表公平，有人把它定義為讓人人得到的東西一樣多，除非能證明從某方面而言，某些人得到更多其實對大家都好，嘗試在上述兩種意義之間找到平衡點。由於大家各有不同詮釋，難怪會引發混亂衝突。

比方說，現代社會出現嚴重的不平等，看似非常不公平，但我們能稱之為不義嗎？一％和九九％之間的差距年年擴大。金字塔頂端的一％辯稱這是他們應得的報酬，是他們積極進取、善盡職守獲得的果實，絕對公正合理。其他人則抱怨不僅沒能分享到經濟成長的好處，反而使生活水準下降，有些人陷入貧困，很多人時候甚至連基本生活需求都無法滿足。他們說，我們的社會理應是民主社會，這種情況簡直不公不義。究竟誰說得對呢？其實大家都對，端視你從什麼角度來看，以及如何定義怎麼樣才符合公平正義。

法國經濟學家湯瑪斯．皮凱提（Thomas Piketty）在《二十一世紀資本論》（*Capital in the 21st Century*）中論證，當資本報酬率高於整體經濟成長率時，就會無情的拉大貧富差距。錢會滾錢。在過去的年代，大多數的財富來自遺產繼承。皮凱提指出，巴爾札克（Honoré Balzac）和珍．奧斯汀的小說主人翁總是念念不忘遺產問題：誰會繼承遺產，怎麼保住遺產，以後又要傳承給誰。在那個年頭，財富往往來自遺產，綜觀歷史也是如此。

然而二十世紀卻比較特殊，不同於以往。在兩次世界大戰和去殖民化的過程中，無數資本遭到徵用、課稅或成為國有，用來支付龐大軍費及後來的福利國支出，這些都會侵蝕資本基礎。同時，由於歐洲重建及科技突飛猛進，導致西方經濟體超乎快速的成長。當經濟成長率高於資本報酬率時，或多或少都發揮了一點均富的效果。皮凱提說，到了一九八〇年代，情況倒轉過來，經濟成長遲緩，資本重建，政府對高所得者減稅。稅率高的時候，大幅加薪沒有太大意義。既然減稅後高所得者得以保住大部分酬勞，於是公司高層開始大肆犒賞自己。今天，已開發經濟體人民持有的總財產是國民所得的六倍，再度回到一次大戰前的水準。

「薪富族」的新財富

與過去不同的是，新財富乃是「薪富族」（working rich）賺取的所得，不同於舊時代地主所擁有的財富。這些「薪富族」主要是企業高階主管，加上少數銀行家或偶爾冒出幾個運動明星，加起來只占人口的〇・〇一%。皮凱提稱這種現象為「菁英分子的極端主義」，這是用比較客氣的說法來描述過度貪婪。

我從來不懂紅利文化有什麼好。在我看來，需要別人賄賂才肯在自己的工作崗位上盡心盡力，著實令人不齒。我還在大公司上班時，員工都假定每個人各依工作內容領到適當薪水，公司也預期我們各盡所能，完成工作。一旦成功了，公司自然會替你加薪晉爵，作為獎賞。但如今愈來愈荒謬的是，公司會保證發放某些獎金紅利，或即使未獲明文保障，也是雙方默契的一部分。畢竟沒有證據顯示員工會因為可能領到更多紅利，而做更多工作或表現得更好。

企業設立薪酬委員會，則讓問題更加惡化。如此一來，企業高階主管可以拒絕為領高薪承擔任何責任。他們會說：「這件事和我毫不相干，都是薪酬委員會做的決定。」但只要工作績效還算合理，大多數的薪酬委員會都會試圖成為同業標竿，把薪酬訂得稍稍高於平均水準，否則彷彿在暗示主管的表現不如理想，所以薪酬委員會只有在極特殊的情況下才會降低薪酬。結果不可避免的，高階主管平均薪酬持續上揚，和這個小圈子之外的世界完全脫節。這是完美的自我認可系統，完全不受外界的影響。那麼，薪酬委員會是否應該納入外部人士？你或許會這麼想，但如此一來，就必須改變公司治理的規章，而當然，這些規章都是由董事會制定。

我們不會因傑出運動明星或企業家享有高所得而忿忿不平，因為他們都擁有特殊才能。諷刺的是，無論運動明星或企業家都不是為錢工作，他們之所以做這份工作，是因為這是他們熱愛且擅長的事。有錢固然很不錯，但錢不是重點。當錢變成重點時，就有哪裡出問題了。我在第七章提過，一九七〇年代誤以股東價值優先的新趨勢，讓金錢成為企業經營的重心，以至於股票選擇權和分紅扭曲了企業經理人的優先順序，強調短期利益也有害企業經營。想要扭轉情勢，應該以獲利共享計畫取代紅利文化，並以擴大股份所有權來取代股票選擇權制度。金錢應該是企業經營的獎賞，而不是企業經營的重心。兩者是有分別的，而且只要問一問任何重要獎項得主就會明白，無論他們得的是諾貝爾獎或奧運金牌。

儘管如此，領高薪的人仍視薪資為努力經營所獲得的果實，是應得的正當報酬。他們覺得，如果沒有高報酬，就無法累積資本，這樣才是真正的不公平。反之，另外九九％的人則說，正是因為這些人領的高報酬完全不成比例，所以很不公平。畢竟高層獲致的成功有很大部分仍需仰賴基層的努力。其他還有很多人同樣辛勤工作，卻得不到相同的酬勞，即使其中許多人，如醫師、教師、護士等，對社會有極大貢獻，也是枉然。所以，公義的三個不同面向彼此衝突，而且後勢堪憂。

我們可能會在下一代身上看到過去兩個不同世界中最壞的一面：有一群人靠著上一代聚積的財富過活，金字塔頂端的人依然領著高得嚇人的薪水，資本報酬率也繼續超越經濟成長率。然而仰賴遺產過活、不勞而獲的新興食利階級（rentier），不太可能同時繼承過去伴隨財富而來的社會責任。我在第七章曾指出，資本主義和民主制度有如同床異夢的夫妻，資本主義如果想要延續下去，就必須造福大眾，不能獨厚少數人。或許這是今天最迫切的問題：如何重建財富創造和財富分配的公平與正義。我們必須更廣泛的散播財富，但很重要的是，別摧毀創造財富的動力。

限縮薪酬差距

有些人口口聲聲說必須靠高薪酬才能留住人才，我們當然可以挑戰他們的說法。很多人其實不排斥拿較低的薪水，只要這樣的薪資水準已經成為業界行情，即使他們不願屈就，也一定找得到其他能力相當的人才來上班。高階主管人才庫其實並不像圈內人想像得那麼小，或排他性那麼強。問題在於需要建立規範。歐盟曾試圖限制紅利不能超越年薪的數倍，結果許多企業以加薪來回應。許多瑞士人希望限制公司最高薪酬不能超越最低薪酬的十二倍，但後來他們的論點在公投中以些微差距落敗。當初如果把倍數訂為三十倍，說不定就通過了，雖然今天在許多美國大企業中，最高薪與最低薪的差距超過四百倍。柏拉圖提議的理想倍數是四倍，不過當時的組織規模比現在小得多。

我曾經在一家由員工擁有的公司擔任董事，他們的高低薪差距為七倍。想要提高執行長的薪水，只需要為基層員工加薪就得了，原本是皆大歡喜的局面。但是後來他們發現可以將低成本工作外包，因此公司的基準薪資提高了，高層也拿到更高的薪水，必須離開的人只能怪自己運氣不佳。

雖然總是有辦法取巧，不過理想上，如果能根據組織規模、甚至產業型態來建立這樣的公式，就能激勵生產力，並轉而讓企業在不損害公司獲利的情況下，提高基層員工的薪水。如果進一步實施與員工基本薪資掛鉤的獲利共享制，那麼包括高階主管在內，每個人都能依比例拿到獎金。假如這樣的公式能在國際間取得共識，就更棒了。即使無法建立國際規範，也沒有證據顯示人才會為了追逐國外高薪而大量遷移。我有時覺得，英文以「補償」（compensation）這個字來代表金錢是對的，因為企業讓員工在令人不悅的環境中從事高壓力、單調或無聊的工作，所以提供薪酬作為補償。並非每個人都認為額外的報酬足以彌補把整個家搬到地球另一端的變動和辛苦。大膽的組織不妨試試看，政府亦然。

還有什麼其他選擇呢？針對高所得者的財富或所得，實施懲罰性課稅只會產生反效果。當稅賦過重時，高所得者不是離開，就是設法避稅。單靠競爭也無法解決問題，在贏家通吃的世界，甚至可能讓問題更加惡化，贏家變得更有錢。我們需要回到財富創造的根源，檢視體制的設計和治理方式，寄希望於公民企業和獲利共享計畫，而不是任意發放紅利，還要改善公司治理，改革教育，並改造工會成為專業組織，後者尤其重要。我們的工會由於過度執迷於以往在大型組織中建立的權力基礎，如今主要在公部門發展，似乎忽略自雇型工作者和小企業經營者之類不斷成長的新工作人口所創造的新機會，因此沒有充分發揮制衡的功能。

保障基層勞工

經濟學家提出的重要觀點「預先分配」（pre-distribution）是指從一開始就把

系統設計得公平一點，而不要等到發現缺失才彌補。假如工會不能或不願這麼做，也許政府應該負起責任。二十年前，我曾經在魯斯金學院（Ruskin College）和一群工會領袖見面，分享我對於自雇者和兼職者人數激增後勞動力變遷的看法。我說，工會運動有了嶄新的發展契機，因為這群人迫切需要各種幫助。他們卻搖搖頭表示，不，我們的未來仍然繫於大型組織。但今天只消問問看：紐約和倫敦的基本工資相同，為何紐約清潔工賺的錢是倫敦清潔工的三倍？答案很簡單，工會的力量確保公平的預先分配。

那麼，當工會未善盡職守時，政府可以怎麼做呢？首先，既然大多數先進國家都制定基本工資，何不先從大幅調高基本工資開始？將基本工資提高到足已維持適當生活水準的地步，並根據各地不同的生活費用來調整。調整幅度必須夠高，才能迫使企業提高生產力，以因應增加的成本，短期內可能導致企業裁員，但為了讓經濟回到正軌，仍然值得付出這個代價。英國目前的生產力還太低，主要是因為勞動成本低廉，所以企業雇用的人力比實際需要的還要多，結果拉低工資水準。勞動力便宜的部分原因是有太多人願意拿低薪工作，但也因為英國政府以在職津貼的方式補助低薪勞工的薪資。納稅人為何要補貼雇主，讓他們靠著雇用廉價勞工勉強蒙混過去，而不思提升生產力，讓自己有能力付像樣的薪水？

二〇一三年，英國耗費兩百八十億英鎊於在職津貼上。這是一筆龐大的支出，而且我認為長期下來必然會產生反效果。預先分配或從起點著手，意味著只要把工作做好，就能得到高報酬。當受補助的廉價勞力如此充沛時，企業自然不覺得需要投資購買新設備或加強教育訓練來提升生產力了。但是當勞力變得愈來愈貴，企業就必須有所反應。

這樣的第二曲線儘管惡質，最後卻能有好的成效。我說惡質是因為許多人會因此丟掉工作。儘管如此，用在支援失業者教育訓練和提供社區工作的整體經費，仍然低於補貼他們從事低生產力工作的費用。有的人主張推動「基本收入制」，公民只要到達某個年齡層，都可以領到固定的基本收入，這筆收入雖然足以維持基本生活水準，但還不足以讓人們因此斷念，不再設法找到支薪工作。瑞士人很快就會舉行公投，決定是否要實施這樣的計畫（他們把基本收入訂在三萬瑞士法郎，相當於兩萬英鎊）。這樣的計畫表面上很吸引人，但終究在經濟上不切實際。而英國人所提倡的福利制度改革假如成功的話，事實上就是對窮人提供保證收入，是局部的基本收入制。

不斷搬家是一門好生意？

房價高漲進一步扭曲公義社會，倫敦的情形尤其嚴重。平均五十萬英鎊的高房價讓大多數年輕夫婦都買不起房，也為健康醫療和教育等服務部門帶來嚴重問題，因為核心員工沒辦法在當地找到住處。大家唯有期盼在住宅供應量提高後，房價終究會開始下跌，但「終究」往往意味的是極其遙遠的未來。在此同時，第二曲線會試圖帶來兩個改變。首先，英國政府可能開始改變出售主要住宅可以免稅的政策。

我曾和一位年輕婦人談話。她幾年前為了照顧家庭，放棄新聞界的工作。如今子女都開始上學，我問她會不會重返新聞界？「喔，不會。」她說：「我現在做的是搬家生意，很辛苦，但是比起從前，賺的錢多了很多。」「你的意思是？」我問。她回答：「我們去年賣掉在高級住宅區的房子，搬去半英里外更大的房子，結果淨賺四十萬英鎊。我猜我們幾年後可能會再搬一次。」

如果你躺著睡覺時淨賺的錢比外出工作還多，這個社會一定有什麼不對勁。政府應該要對那四十萬英鎊課稅。當然，就像我之前提議的其他第二曲線一樣，這樣做在政治上肯定有困難，但應該採取累進制，而且只適用於價格超越全國或當地平均水準的房子，才不會反而不當懲罰到低所得者。如此一來，會導致房價下跌，也結束我的記者朋友不斷搬家的新生涯。這雖然會減少人口流動，卻不會造成不公平。人們只需要為額外的收入繳稅，而他們理應付得起這筆稅款。

其次，尤其在英國，大家或許會因此省思，只要有能力就迫不及待想擁有自己的房子是否真的那麼明智。從經濟角度而言，把國家儲蓄不成比例的投入房市實在沒什麼道理，房地產並沒有為國家創造什麼有用的財富，提供的就業機會也寥寥無幾，只會讓跟風的銀行靠房貸賺更多錢，急需融資來因應成長的企業反而求貸無門。

家父是牧師，我從小住在牧師館，五十歲以前，也一直賃屋而居。到了五十歲時，我大致上已經知道我想在哪裡度過餘生，從那時起，我們一直定居於此。理論上，一個人在前半生不妨租房子住；既保有彈性，也無需承擔那麼多責任。就算鍋爐爆裂，你只需要撥個電話通知房東，就可以繼續回去睡覺。但是，只租不買的策略唯有在房市穩定時才行得通。要維持房市穩定，政府可以對房屋買賣課徵銷售稅。這個辦法可說是一石多鳥：房價會下跌，更多人會選擇租房子，也比較容易搬到公司附近住，投入房市的資金減少，銀行也比較有餘裕提供融資給更有用的投資計畫。推動改革並不容易，但如果我們不想讓大筆積蓄被房貸吃光光，導致大家都看緊荷包，商家也等不到顧客上門，那麼改革就非常重要了。

消失的工作

不過我們一味憂心社會頂端嚴重的不公平現象，可能會疏忽更重要的問題。沒錯，極少數人憑著運氣好、聰明會計師的襄助和良好的判斷，因此比我們富有多了，但說不定這種人的世界原本就和我們南轅北轍，大多數人可能即使在夢中都不曾想過要住在那樣的地方。希望將有錢人的財富分配給其他人，或設立某種上限，也無濟於事。全世界最富有的五十人所聚積的財富幾乎相當於全球人口中較貧窮的半數人口所擁有的財富，但如果把五十名巨富的錢財分給另外這半數人口，每個人其實只有幾分錢落袋。總之，即使最有錢的一%變窮了，大多數人的生活也不會有什麼差別，所以儘管覺得不公平，我們或許不應該把焦點放在這一%的人身上，而應該專注在真正的不公不義上，重點不在於財富分配的不公，而是工作（或缺乏工作）的問題。

現代資本主義真正的不公平在於，技術和能力不足的勞工將找不到有意義的工作可做，而這群人的數目高達數百萬。我在其他文章也曾指出，未來許多例行性工作將交由各式各樣的機器人處理，其他工作則外包給海外的廉價勞工。缺乏技能的勞工可以做的工作愈來愈少。我曾以美髮為例，說明這類工作無法外移，也不會被電腦取代。但後來有一位谷歌主管告訴我，他們正在開發一種機器，可以放在頭上，依你選擇的髮型，為你做頭髮。這種美髮方式也許不見得符合每個人的品味，但卻是另一種便宜的ＤＩＹ方式。工廠、煤礦和鋼鐵廠過去提供很多工作，但如今大多數工作都消失了。製造業的工作所剩無幾，只剩下設計和行銷等高階工作，其他工作早已外移，不會回來了。

留下來的工作都是在醫院、社工機構、學校、監獄、法院和地方政府等機構的關懷照護工作。麻煩在於，這類工作只能由人來做，但這方面的人工卻愈來愈貴。我們希望盡量減少人力，以降低成本，因此形成兩難困境。我們一方面需要更多高度仰賴人力的工作，另一方面卻無法負擔更多人力；而且企業提供的工作機會也未必能吸引尋求更多挑戰的年輕人。不過，現代資本主義也不是只有陰暗面。上個世紀初，家事服務是雇用人數最多的工作類別。我在第四章指出，如今情況再度重演，只是這次稍有不同。新的家事服務業者多半為自雇型工作者。新財富帶來的其中一個影響是對家事服務的需求上升，包括托兒、清潔、駕駛、園藝、遛狗、購物、烹飪和祕書工作等，都是有錢人目前需要的服務。難怪近年來，英國大部分的新工作都屬於這類跳蚤型微企業。或許我們畢竟還是需要權貴來創造這類工作機會。

即使如此，依然僧多粥少，工作機會不足以因應大量低教育程度勞工所需。這是真正的不公不義，他們不該受到如此待遇，對此也毫無準備。為了亡羊補牢，我們必須挹注大量經費，提供更好的教育訓練，包括鼓勵自雇型工作和提倡學徒制。我在第十三章主張，「未來的學校」所需要的教育是不只開發智能，也培養社交技巧，而這方面的技能往往會在工作中學到。我們應該回顧過去。我們的祖先大都從工作中學會如何工作，他們一邊學習，一邊賺錢。我們應該多多效法前人，加強學徒制，鼓勵雇主把它當成應盡的社會責任。但什麼都需要錢。與其拿一般納稅人的錢來提供補助，或許應該設立一個特殊基金，經費來自於房屋銷售稅的稅收，以減稅的優惠鼓勵所有的職業教育，同時還補助學徒工資。

數百年來，我們早已習慣從上而下的雇用制度。大多數人的工作都來自公私部門的諸多機構，我們忘了這些機構也是一度從無到有打造出來的。如今工作日益減少，所以我們需要從下而上，藉由小規模創業，重新發動引擎。假如成功的話，就能為其他人創造工作機會。過去就是如此，工業革命時代的新科技孕育了無數新事業的花朵，創造出花團錦簇的榮景。我們也可能再創榮景，但必須先為新的花朵準備溫床，在初期就鼎力相助。學校、銀行和創投公司、企業及政府機構必須同心協力，啟動企業領導的新革命。長期而言，唯有這樣的第二曲線才能夠彌補第一曲線最後階段產生的不公不義。

第十二章

黃金種子

你了解自己的才能嗎？

有一次過生日的時候，兩個孩子特地去訂製一個小小雕塑品送我。雕塑品的顏色和形狀彷彿兩滴淚珠交疊在一起。我心想，真是奇怪，在這麼開心的場合，幹嘛哭啊？他們趕緊解釋，那不是淚珠，而是黃金種子，因為他們曉得黃金種子是我偏好的概念之一。出於我對人性的樂觀信念，我認為每個人身上都蘊藏潛能，這是我們的「黃金種子」。只要我們能發掘它，並施肥灌溉，悉心照顧，或許就能促進自我實現。我一直認為，你送給別人最棒的禮物莫過於幫助他們發掘並培養自己的黃金種子。

瑪麗安娜．威廉森（Marianne Williamson）在著作《發現真愛》（*A Return to Love*）中，以詩意的文字述說：「我們自問：『我是誰呢？怎麼可能如此才華洋溢、光彩奪目、令人讚嘆？事實上，為何不可能是你呢？你是神的孩子……我們生來就是為了彰顯我們內在的神的榮耀。神的榮耀並非只眷顧某些人，而是人人皆有。』」兩位傑出學者瑪莎．努斯鮑姆（Martha Nussbaum）與阿馬蒂亞．沈恩（Amartya Sen）也為文探討「才能」的問題。努斯鮑姆表示：「才能不只是一個人擁有的能力，也是個人能力與政治、社會和經濟環境結合後創造出來的自由和機會。」她想強調的是，社會有責任讓我們的種子成長茁壯。

挖掘自己的獨特點

內人和我曾經研究企業界、藝術界和社區領域的多位創業家，研究這群《新鍊金師》（*The New Alchemists*）時，我們發現，他們都因為找到自己的黃金種子，而建立了自我信念，從而有信心追求自己的夢想。

有時候，他們只是偶然發現了黃金種子。菲利普・休斯（Philip Hughes）任職於石油公司，是個失意的銷售工程師。有一天，他買到一本談電腦運算的書。一九六〇年代初，電腦還是個陌生的新題材，「靈光一閃，我立刻知道我想做什麼了。」對新科技的興趣和潛能，就是他的黃金種子。他走過商店櫥窗時，看到上面寫著軟體顧問公司，於是他就這麼走進去，找到一份新工作，後來更創立英國早期最大的電腦顧問公司Logica。他的故事很有趣，因為他還潛藏其他的黃金種子，例如藝術才華，休斯後來在藝術界成就輝煌，還曾擔任倫敦國家美術館理事會主席。

有的人打從一開始就心知肚明。泰倫斯・康藍（Terence Conran）才十二歲就開始自己打造娃娃屋，賣給當地商店。他後來創辦Habitat，改變英國人居家布置的方式。他也善用自己對食物的熱情，打造出成功的企業王國，創辦他所謂「沒有主廚的餐廳」，而且完全用自家家具來布置他在倫敦的輕食店Soup Kitchen。

有時候則是其他人看出你潛藏的黃金種子。威廉・亞特金森（William Atkinson）是英國最偉大的中學校長之一。他當年從牙買加移民英國數年後，很幸運受到一位老師青睞，鼓勵他成為教師，要他相信自己的潛能。

上述三人都是非凡的人物，但每個人不都有非凡的一面嗎？為什麼我們總是希望和別人一樣呢？每個人都有自己獨特之處，我們只需要在每天辛苦奔波於人生道路時，也設法挖掘自己的特點，喚醒潛藏的黃金種子。一九八三年，哈佛大學教授霍華德·嘉納（Howard Gardner）以多元智慧理論，改變我們對智能的想法。他說明，智能並非只有一種形式（例如ＩＱ），而是有各種不同類型，而且彼此未必相關。這樣的概念並非由他首創，希臘詩人亞基羅古斯（Archilochus）把世人分為刺蝟和狐狸兩種：刺蝟將所有智能看成一種，認為有些人擁有的智能比較多；狐狸則認為智能有很多不同面向。到了十八世紀，專精顱相學、研究頭腦大小形狀的生理學家法蘭茲·約瑟夫·高爾（Franz Joseph Gall）提出三十七種不同的人類才能。嘉納的貢獻是具體說明在他心目中哪些是主要才能，並闡述這些才能的特質和在教育上的意義。

我們無須埋首研究嘉納論文的種種細節，或同意他的多元智能清單，也能看出他的觀念和我們對個別差異的直覺看法不謀而合。嘉納提出七種型態的智能：

- 語文智能（linguistic intelligence）
- 邏輯數學智能（logical-mathematical intelligence）
- 音樂智能（musical intelligence）
- 空間智能（spatial intelligence）
- 肢體運動智能（bodily-kinesthetic intelligence）
- 內省智能（intrapersonal intelligence）
- 人際智能（interpersonal intelligence）

重要的是，不同智能之間並未相互連結。你可能是很有天分的運動高手（肢體運動），但學習邏輯數學科目時，卻在班上表現不佳。流行樂手往往在求學時挫敗連連，離開學校後卻賺大錢。嘉納指出，成功的人通常能結合兩種以上的智能。嘉納關心的是如何重新定義智能的傳統觀點，但在一般用法上，這個用語本身卻有某些不必要的局限性。其實才華、性向、技能或能力都是描述智能的不同方式。嘉納和他的同事後來辨識出二十種他們所謂的智能。

問題在於，正式教育制度只聚焦於前面兩種智能，即語文智能和邏輯數學智能，而忽略其他智能，雖然對於我們的人生和工作而言，內省智能和人際智能是最重要的智能。內省智能關乎自我了解，人際智能則關乎了解他人。兩種智能都是能否建立成功的家庭關係和工作關係的關鍵，後來丹尼爾．高曼（Daniel Goleman）結合兩者並加以延伸，變成情緒智能。但我會在嘉納的智能清單上再添加一項：創造智能（creative intelligence）。嘉納把創造智能併入空間智能，尤其將藝術才華歸於此類，不過根據我們對新鍊金師的研究，創造智能還應包含想像力，也就是透過傑夫．格勞特（Jeff Grout）和麗茲．費雪（Liz Fisher）研究創業家時觀察到的「第三隻眼」，以不同的眼光看世界的能力。

重新思考學校的角色

我們研究的新鍊金師泰半認為，以前上過的學校都限制重重，所以他們通常不是輟學，就是在學校中表現不佳。由於學校標準課程只強調頭兩項智能，忽略其他五項智能，以他們的特殊智能，根本無法適應學校課程。嘉納聽到他們的說法，一定絲毫不感訝異。他和高曼談話時，曾指出：「……我們給每個人的教育是，假使他表現優異、非常成功的話，那麼就最適合去當大學教授。我們評價每個人的方式，都是看他們是否符合成功的狹隘標準。我們應該少花時間替孩子們排名次，多花些時間幫他們找出與生俱有的才能和天賦，並加以培養。成功的方法何其多，還有許多、許多不同的能力都能幫助你邁向成功。」

我曾和一位劍橋大學英文系教授談話。劍橋的英文系非常受歡迎，每年都有優秀申請者供他們精挑細選，但大多數的學生畢業後都沒有直接用到英文系的學位，從事教學或研究工作，許多人反而在社會上擔任要職。我問這位教授：「既然如此，你會給他們什麼樣的忠告，或怎麼協助他們為未來的責任做好準備呢？」他回答：「他們來這裡學英文，所以讀英文就是他們在這裡做的事情，其他的本領得在街頭學會。」他當然有權這麼說，但這麼一來，不啻拉低自己的水準，變得和有如名校預備班的中學無異，這些學校為了幫學生擠進名校窄門，被迫採取狹隘的教育觀點，來看待本身的角色和責任。結果學生的其他能力備受忽視，等到日後想重新喚醒他們內在的種子，已經太遲了。或許可以說，今天學校系統的種種缺失，大學應該承擔主要的責任，因為我們容許致力於學術和知識研究的大學，影響中學的課程內容和優先順序。

要切斷兩者的連結，我們必須重新思考大學的角色，認清不是人人都需要追求傳統學位。普及大學教育的做法太過昂貴，對許多人而言，也毫無助益。在工作需求和工作型態都快速變動的今天，還不如採取模組式教育，設計更多以能力為核心的課程，不但費用較低，也更適合今天的世界。一旦中學教育與升大學的關係不再那麼緊密，或許中學就能回歸初衷，協助年輕一代為未來的人生預做準備，辨識每個學生的獨特性。理想目標應該是因應每個孩子的不同需求，為每個人量身打造不同的課程，而不是推出全國一致的標準課程，把每個孩子都塑造成一模一樣。在旁觀者看來，我們的學校似乎不是為學生而設計，而是以順應教師和制度的要求優先，與良好的組織實務背道而馳。但如果學校因為管理上的麻煩，沒辦法視每個學童為獨一無二的個體，那麼就需要在日後好好彌補。黃金種子不會消失，只會埋藏起來，等待日後發掘。

每個人都可以擬一份清單，列出你自認擁有的各種能力、才華、技能、知識等。重點在於，如果我們好好培養，其中任何一項才能都可能成為我們開創未來的種子。有的人在靈光一閃的剎那看到可能的契機及開創未來的種子。大多數人則需要仰賴其他助力，才能發掘自己的種子，因為我們都受到制約，往往根據社會普遍認同的標準來評斷自己。及早發掘孩子內在的種子應該是父母最初的重要關注。父母起初會忍不住希望子女和同齡孩子一樣，走上相同的發展道路，達到一致的發展階段。但這樣可能會阻礙發掘種子的過程。十八世紀的英國景觀設計大師「能人布朗」（Capability Brown）之所以有這個綽號，是因為他每回為可能的景觀設計案勘查地產環境時，總喜歡告訴客戶：「這裡大有可為。」意指那個地方具備很大的潛能。

只要我們懂得用第三隻眼來觀察，將孩子與眾不同的地方視為重要線索，而不是需要改正的缺點，那麼每個孩子都擁有無窮潛能。不遵從傳統規範的人也許是麻煩人物，但也可能是未來的藝術家。我們對新鍊金師的研究有一點很值得注意，這群人大都在家中排行老二或老三，比較沒有受到嚴格管束和承受太高的期望，因此也比較可以自由發展，走一條與眾不同的路。我在北英格蘭教育大會上發表演說時，曾提出這個觀點：我主張學校應該容忍孩子些微的頑皮，只要不傷害到別的孩子就好，因為這可能是孩子的創造力正蠢蠢欲動，或至少是他們渴望展現個人特質的表現。教室應該為學生而設計，而不是只為教師的方便而設計。結果，我的演講內容受到教師協會嚴厲譴責，因為他們認為這樣只會製造混亂，我認為他們的反應或多或少也證明我的觀點。我的看法是，傳統教室根本不利於學習，我們需要順應新科技的發展，重新思考和設計教室。不過，在我們的早期發展過程中，正式教育其實只占了一小部分。基本上，培養黃金種子的工作最好由良師擔綱。你可以探尋良師或指派某人擔任，但更常發生的狀況是由於機緣湊巧，某人正好看出另外一個人的潛能，產生興趣，雙方起了良好的化學作用，也互蒙其利。促進他人成長能帶來真實的喜悅。

誰來扮演伯樂？

教師喜歡自認是為學生培育種子的人，但由於制度的限制，這完全是一廂情願的想法。幸好還有很多人可以扮演種子培育者的角色，首先要從父母開始。父母對於成功的看法往往太過狹隘。他們看到孩子的興趣性向和自己截然不同時，往往會覺得困惑不安。還記得當我兒子宣布他為了實現一向以來的志向，打算放棄上大學的機會，擔任樂團主唱時，我費了很大的力氣，才有辦法泰然自若的告訴他，我理解他的雄心壯志，鼓勵他跨步向前。幸運（或不幸）的是，他後來改變心意了。也許他只是在測試我的容忍度，看我會給他多大的自主權。但這件事讓我明白，雖然父母都自以為很懂得栽培潛力無窮的年輕種子，其實父母不見得都有識才之明。

當伊頓公學重新裝修學校的第一間教室、也是最古老的教室時，在十五世紀的古牆灰泥下發現一幅畫，下面有一句拉丁文格言：「Virtus preceptoris est ingeniorum notare discrimina」，可大致譯為：「教師的美德在於注意學生的能力差異。」六百年前的優秀教師也在努力發掘種子。

年輕人將近二十歲時，正是塑造自我認同的時候，因此最需要有人協助他們找到獨特的黃金種子。就我們研究的鍊金師而言，他們有的人得到第一位上司的賞識，有個人的伯樂是當地牧師，其他人則是受到過去或目前老師的鼓舞。每個人都需要好的人生導師，如果能在年輕時就找到良師益友，可說是非常幸運。有些人的黃金種子在前半生一直默默潛藏，未被發掘。內人和我曾經做過一個研究，並出版《開創新人生：女人六十》（*Reinventing Lives: Women at sixty*）。我們在這本書中訪問二十八位女性，他們都在六十多歲時重新自我改造，活出新生命，實現年輕時為了照顧家庭而擱置的夢想，發掘出過去從未發現的才華。任何時候都不會太遲。其中一位受訪者當上牧師，還有一名女性一輩子都在創作童書和照顧家庭，後來實現長久以來的心願，遠赴南極工作。第三位則是為了幫女兒的忙，跑到海濱小鎮去經營一家餐館，結果發現自己做得有聲有色。任何時候只要你想挖掘自己的黃金種子，開展人生新曲線，永遠不嫌遲。

對許多人而言，新的工作曲線代表正式職涯提早結束，許多人成為某種形式的自雇型工作者，這是挖掘自己內在種子的好機會，因為種子往往在沉睡多年後，才出於偶然或因應需要而被喚醒，進而萌芽茁壯。我首度獲派出任石油公司駐外主管時，我知道家母對我的職涯選擇並不是全然贊同。就在我即將走馬上任之際，她特地來跟我話別，她說：「沒關係，親愛的，這些都會是你寫書的好材料。」車子開動時，我疑惑的看著她，她到底在說什麼呀？我沒有要寫什麼書啊！我即將擔任石油公司主管，連看書都沒有時間，更甭提寫書了。二十年後，我離開石油界，和家人一起待在普羅旺斯的農莊，開始撰寫我的第一本書，回味這段駐外經驗，而且我至今仍持續寫作。家母當年看到我內在的種子，儘管這粒種子後來花了好一段時間才開始萌芽。

當時我還沒有發展出黃金種子的概念，所以我想我從來不曾告訴她，無論是關於我會寫書這件事或關於寫書題材，她都說得對極了。後來她仍繼續在不經意間給我各種忠告。我曾經送她我的首部著作，那是一部管理學教科書。回頭來看，那本書其實有一點矯揉做作，賣弄學術詞彙。我注意到她翻了十頁就沒繼續看下去。「你不喜歡這本書嗎？」我問。「我不明白你為什麼需要用那些新名詞？」她回答：「《公禱書》（*Book of Common Prayer*）和莎士比亞的作品應該已經涵蓋所有你需要講的事情。」這是我所聽過最棒的編輯意見。種子都需要塑造，甚至在開始成長後，仍需不時修修剪剪，而且沒錯，父母（尤其是母親）偶爾也能發掘種子。

在百花齊放的花園裡

今天的世界裡，許多種子紛紛萌芽。網際網路是最好的溫室，裡面滿是培育新事業的溫床。網路降低投入新事業的成本，對服務業而言尤其如此。這是個令人興奮的時代。雖然並非所有的種子都是黃金種子，有些種子甚至根本沒有萌芽，但是沒關係，只要你曾經創造過一些獨特的東西，就足以證明威廉森以詩意語言提出的主張：每個人都很特別。

內人是人像攝影師，我倆一起以文字和照片記錄倫敦貧窮地區年輕創業家的創業計畫，希望鼓舞其他人起而仿效。看到這些年輕人站立拍照時臉上綻放的自豪，就有一股暖意浮上心頭。他們隨身攜帶的名片和謀生工具就是種子萌芽的最佳明證。或許這粒種子不見得能變成黃金種子，但他們說，沒關係。他們已經擁有足以自豪的經驗，未來一定還會出現其他的種子和嶄新的曲線。

第十三章
未來的學校

未來的教育可能呈現何種面貌？

以當年的眼光來看，我小時候受過很好的教育，因此可以拿到私立中學的全額獎學金，後來又獲得牛津大學獎學金。然而回顧以往，我發現過去所學大半都忘光了，或許是因為其中大部分從來不曾派上用場。但我確實從學校教育中學到影響人生的一課（儘管這並非學校教育的初衷）。我學到的是，在我眼前的世界裡，所有的問題都早已解決完畢。老師知道所有問題的答案，否則也可以在教科書後面找到答案。我以為，身為學生，我的責任是把答案背起來，再視需要複製答案，最初只需在考試中作答，接下來就是在人生中不斷複製我背下的解答。

換句話說，我在學校碰到的都是封閉式問題，而且問題的答案都早有明證。「伯明罕離這裡多遠？」是封閉式問題。「我們為什麼要去伯明罕？」則是開放性問題，可能的答案有千百種，完全要視情況而定。由於我們在工作上和人生中面臨的問題都是開放性問題，因此學校教育其實有害。我應該和這個女孩結婚嗎？我該不該買這棟房子？信任這個人？選擇這份工作？投資這門生意？服從這道命令？即使像挑選餐廳或買衣服這麼簡單的事情，也都是開放性問題。起初我假定這些問題都有正確答案，困難在於我不知道答案是什麼。所以，我應該找找看有沒有哪本書或哪個人可以給我正確答案，或告訴我該怎麼辦。但我很快就被歸類為優柔寡斷，缺乏主見，只會隨波逐流。上司不斷告訴我，我這個人沉悶無趣，不夠積極主動。你可以這樣說，雖然我在學校裡是出類拔萃的優等生，學校教育卻可能毀了我的一生。

幸好，我在牛津大學求學的後半段，修了很多歷史和哲學課程。一般來說，你可以用兩種截然不同的方式來鑽研這兩門學問：透過研讀和熟記關鍵事實來「學習」歷史，或藉由爬梳重要哲學家的理論來「學習」哲學，但牛津的方式不是如此。

「我要你下星期之前交出一篇探討『真實』的三千字文章。」我的哲學導師說。「你也許想了解一些思想家的看法，不過我只對你的想法感興趣，以及你為什麼這樣想。」我心想，這不是太容易了嗎，大家都知道真與偽的差別。但連續四夜失眠之後，我有了不同的認知。我必須自己思考，其他材料可以給我一些啟發，而非確切的想法。歷史課也一樣，典型的作業題目通常像這樣子：「這場戰爭之所以爆發，哪些人格特質和因素要負最大的責任？」有一次，由於作業截止時間緊迫，我抄了一位著名歷史學家的一段話。等到我朗讀文章時，導師什麼也沒說，只默默走到書架前，抽出那位歷史學家的著作，翻到關鍵論點，然後接續我讀出的片段，把後面念完。他完全沒多說什麼，但我明白他的意思。他感興趣的是我的想法，而不是專家的想法。

學習如何學習

最後我終於了解，他們不是在教我歷史或哲學，而是更根本的東西：如何思考和如何學習；這和只是增添一些知識大不相同。我有個朋友好像一部活百科全書，簡直無所不知，卻不懂得如何應用大部分的知識。朋友曾經說他：「很聰明，卻連怎麼放洗澡水都不懂，更別提管理一個部門了。」我畢業前最後一次大考，考卷上總共有二十題，我只需要回答其中四題就成了。所以我畢業時並非完全了解所有的課程內容，甚至連熟讀大部分的內容都談不上。我覺得有點心虛，但後來我明白，出考題的人感興趣的不是我們知道多少，而是我們有沒有能力運用適當的事實，來處理考題中提出的各種情況。知識會漸漸消失，學到的能力卻會長存。一旦學會怎麼騎單車，你永遠都不會忘記。

我後來明白，真正的學習其實始於好奇，是你對需要解決的問題或面臨的挑戰所產生的好奇心。接著你會搜尋各種概念和資訊，以形成假設或找出解方。然後還需要測試可能的解方，並考量得到的結果，往往就在這時候產生需要進一步探討的問題。孩子往往憑直覺展開這樣的「學習圈」，我在撰寫這些文章時也會刻意這麼做。從大學時代起，我對教育過程的興趣就甚於教育內容。我認為，「內容」總是可以在需要的時候找到，「過程」卻必須趁年輕學習。我到石油界應徵工作時，曾經因為自己對石油和企業經營一竅不通，而向選才委員會致歉。他們說：「別擔心，你有顆訓練有素的頭腦，我們會幫你填入所有必要的內容。」他們的話真叫人安心。不過我後來發現，單單懂得學習和思考還不夠，一定要弄清楚怎麼做和如何自處。從此以後，我明白學無止境，至死方休。

如今我能確定的是：

學習思考或學習做事，跟學習事實同樣重要。

學習主要是經過反思才能理解的經驗。

教師學到的通常比學生還多。

好奇心和學習的需求都是重要關鍵。

如果不能應用所學，那麼學到的東西很快就會消失不見。沒有人真的那麼笨，他們只是不感興趣或缺乏好奇心罷了。

後來的工作經驗還讓我了解到：

在大多數情況下，三個臭皮匠都勝過一個諸葛亮。並非所有的學習都在教室中進行。綜合能力指的是各種不同能力的組合，而非不同程度的相同能力。每個人或多或少都好為人師。

最後一點很重要。假如不是成千上萬人想要貢獻自己的知識，維基百科根本不可能存在。YouTube上面也充滿各種實用知識，教你修補各種東西，從修理吸塵器到修補婚姻關係無所不包。許多影片都是匿名上傳，出發點不是為了賺取報酬。我們都喜歡貢獻自己的專業，也喜歡教導別人，我相信我們也因此學到最多。所以，促使學生學習的最佳方式，就是讓他們成為別人的老師。與其都由老師在台上授課，還不如讓學生試試。我曾經在課堂上這麼做，得到很好的效果。學生學到更多，記得更多，也更有樂趣。有一天，我讀到一則報導，說有一位小學老師請班上的九歲學童分組研究iPad中的電磁作用，然後在四十分鐘後，向全班同學報告什麼是電磁力，為什麼今天電磁作用這麼重要。我很確定，比起只是坐著聽老師講課，透過這樣的方式，他們一定學到更多，也記得更多，即使老師講得再好都一樣。美國聖地牙哥特許學校組成的高科技高中（High Tech High）把這項原則發揮得淋漓盡致，學生大部分的學習都採取小組創意專案的方式，而且一半在室內、一半在戶外進行。

教育的七個C

除此之外，還有許多不同的學習方式。三十年前，倫敦皇家藝術協會推出「能力取向的教育」（Education for Capability）活動，由我擔任主席多年。活動主旨是說服英國中小學和大學實施我們提倡的觀念。我們認為教育有七個基本的C：陶冶（Cultivation）、理解（Comprehension）、創造（Creativity）、合作（Cooperation）、溝通（Communication）、信心（Confidence）、能力（Competence），是在現代社會擁有充實人生不可或缺的七個要素。陶冶和理解是指培養成為社會一分子所需要的基本知識和技能，主要包括英文、歷史、數學、科學及技術等，例如程式設計。在我們看來，這些都是基本能力和知識，但是還不夠，而且即使像這樣的科目，都不需要採取傳統的教學方式。其他的C則是可以學、但無法教的能力，是能讓我們充分發揮潛能的基本能力。我應該說明一下，最後一個C所指的能力，是指能把事情做成的特定能力。我們認為，最好透過能獲得具體成果的實務性專案或問題來培養這些能力。我們頒獎給達到標準的課程規劃和專案，許多教學計畫都走出教室，納入藝術、體育或創業活動。我曾提議讓非正規教師來負責這類課程，包括社區志工。

教育是為人生預做準備，因此受教育後的人生應該是檢驗教育成果的最佳指標，但由於時間拉得太長，往往無法完成檢驗，只能偶爾在校友聚會時驗收成果。考試只能在學生受教後的短時間內檢驗他吸收多少知識，無法測知他是否真能應用所學，結果卻使得大家過度聚焦於協助學生準備考試。但這是補習班做的事，而非教育家的工作。英國學生十六歲時都必須參加全國會考，英國是這樣做的少數國家之一（即使不是唯一的國家）。為何不像其他大多數國家一樣，讓中學生到十八歲再參加離校前的共同會考就好，讓學校自行決定中間要舉行哪些他們認為有用的考試？更好的做法是效法美國某些州，讓每一所學校自行規畫畢業考。我們應該更信任我們的教師才是。我們的教育愈來愈像設法讓球通過一連串關卡的槌球遊戲，而複雜的規則讓遊戲變得更加困難。槌球是我最喜歡的運動，但是許多賓客都拒絕玩這個遊戲，我一點也不訝異。他們覺得打槌球的挫折感太大，也太吃力不討好了。我們的學校教育在許多年輕人心目中也是如此，我們需要去除這些關卡。

不同領域的藝術家都是在受到協助下從實作中學習。人人都是藝術家，因為我們都創造了自己的人生。我們也從生活中學到關於人生的種種，在別人協助下進行各種生活實踐。我們這裡有一家蘋果產品販售店，我很佩服裡面的年輕店員實作知識這麼豐富。我問他們受過什麼訓練，他們說：「我們沒有上過訓練課程。我們只是靠偷聽厲害的同事怎麼解說，空閒時自己多多把玩機器，碰到問題時多開口問，就這樣學會的。」我心想，和我的小孫子一模一樣。

提倡及早學習的教育理論假定年輕人都願意接受一個論點：大人要求他們學

習的東西日後一定用得著，而且所有知識都會安全的儲存在腦子裡，等有朝一日需要時再拿出來用。要求年輕人像這樣延後滿足，著實有點苛刻，難怪通常都不太成功。缺乏情境脈絡的學習原本已經夠困難了，如果無法應用所學，更是很快就會忘光，學習新語言就是如此。所以我們在學校花了這麼多時間學習，其實很多時間都浪費掉了。然而如果我們主要從生活中學習，那麼最好切記，生活經驗是自幼開始。耶穌會強調生命最初七年的經驗會形塑我們的一生，他們說得實在對極了。

家庭必須是孩子的第一所學校。學齡前的孩子好奇心最強烈，每天都自動自發的學習。「你怎麼這麼會用iPad啊?你是在哪兒學的?」我問六歲的孫子。「不曉得，」他說。「我就用啊，然後就會了。」他從父母日常對話中，自然而然學會說英文和希臘文，他們從來不曾刻意教他。家庭也會塑造一個人的性格。年輕人往往在家中學會合作、負責任、自我克制，和懂得體察別人的需求。幼小的孩子已經具備與生俱來的創造力，只是等待機會綻放罷了，溝通的欲望也是如此。換句話說，「能力取向教育」的一切要素，家庭中早已齊備，只不過還需要父母以身作則或刻意教導，以發揮教育的效果。不幸的是，我們不能假定所有的家庭都能提供好榜樣，因此有待學校彌補家庭教育的不足。所以第二條教育曲線的第一階段應該是設法協助父母善盡職責，好好主持孩子一生的第一所學校。

模擬人生和職場

古早時候，人們長大離家後，都直接進入職場。正式的學校教育迄今只有兩百年的歷史。過去人們在工作中學習如何工作，今天依然如此。假如學校是家庭和真實職場之間的必要間隔，那麼學校教育就應該跨越既有界限，提供對人生和職場的模擬。不幸的是，學校刻畫的職場通常是工廠的形象，是階層分明的組織，要求員工遵守各種嚴格規定；工作被拆解成不同片段，除非訂定明確限制，否則合作會被視為串謀；創造力只會惹人厭，創新更是高層專有的特權。

要扮演好終身教育的角色，學校教育必須更接近今天的工作模式：愈來愈多專案導向的任務，透過團隊合作來完成，鼓勵自動自發，盡心盡力。在體育競賽或戲劇音樂演出時，我們可以看到各具專長、不同年齡的人才結合起來，為了展現彼此能引以為傲的成績而共同努力。為何這種模式不能成為學校教育的常態呢？藝術和運動往往被貶為不重要的科目，或留待父母來加強這方面的教育，這是不對的。

在推動「能力取向的教育」計畫時，我們曾經參觀一所學校為學習遲緩的學生設計的補救教學計畫。他們要求這群學生在學期中籌備並製作宣傳交通安全的三分鐘電視節目。我們造訪學校那天，他們已經研究完畢，寫好劇本，也畫了些輔助圖解，正準備完成最後的拍攝。年輕導演（只有十四歲）正在幫節目主持人做最後的準備，主持人必須照著提詞卡念出上面的內容。他們告訴我，這個小組刻意挑選最害羞的同學來主持節目，希望藉此提升他的自信心。他們會做這樣的選擇十分有趣，因為事先已經知道會有外人來參觀並評斷他們的表現。

導演賣力喊著：「開麥拉！」年輕主持人呆若木雞，嘴裡吐不出一個字。「卡！」導演大喊。我等著看他怒氣沖沖的數落他，結果我錯了。導演說：「不要擔心，剛剛只是在練習，現在才要來真的。」於是他們再度拍攝，果然很順利。他們展現的成熟與專業令我印象深刻。離開前，我們經過一間教室，裡面坐著一排排男童，全都低頭伏案。「他們是誰啊？」我問。「喔，他們都是聰明學生。」剛才那些男孩回答我。「我們是笨孩子。」

青春期的孩子正是精力旺盛、尋找自我認同的時候，非把他們困在一排排教室座椅中，實在沒什麼道理。教育的七個C中，有五個C不太可能在教室中培養出來，而我們甚至不該期望年輕人聽信我們的話，以為學到的頭兩個C，四年後還會有用。或許我們的祖先很明智，讓年輕人十四歲就踏出教室，進入職場，在工作中學到需要的各種技能和自我紀律。今天的雇主期待員工到職時早已訓練有素，因此讓大家對學校產生不公平的期望。在醫療、建築、法律和會計等領域，專業人才的「養成」需要結合學校教育和學徒制度。既然所有工作都變得愈來愈專業，不是應該將這種教育方式擴及到其他領域嗎？

我們不但需要密切結合家庭教育和學校教育，也需要在學校和職場之間建立更緊密的聯繫，大幅提升學生的工作經驗，從只有一週的匆匆參觀，改為與課業掛鉤的迷你學徒制，並且在學生十六歲時頒發證書。對許多學生而言，短期的學徒經驗可以發展為完整的學徒制，銜接下個階段的專業技術教育。德國是實施學徒制的最佳範例，提供七百多個不同的實習計畫。不是每個人都需要念大學，或至少學生可以等到自己更成熟時，才接受大學教育。大學浪費太多教育資源在年輕人身上。

芝加哥的莎拉古德科技學院（Sarah E. Goode STEM Academy）針對STEM科目〔也就是科學（Science）、技術（Technology）、工程（Engineering）、數學（Math）〕，為十四歲到十八歲的學生提供四年課程，而且保證每名畢業生都可以獲得贊助企業IBM的工作機會，IBM也協助學校設計課程。未來幾年，美國有兩個州將有二十九個這類學院開始招生。英國目前已經有三十個類似學院，也就是大學技術學院（University Techonogy College, UTC），還計畫再設立二十六個這類學院。此外，英國也開始設立許多技職學院，培訓十四歲到十八歲想從事旅館餐飲、數位藝術等行業的年輕人。這類夥伴關係不但提供學習動機，也培養相關工作技能，學生在順利完成學業後，還能獲得工作機會，是有目標的學習。

年輕人也可以選擇透過遠距學習或新興的大型開放式線上課程（Massive Open Online Course, MOOC）自我學習，這些都是頂尖大學透過網路提供的免費課程，雖然修課學生半途而廢的比例高達九五％，因此只能被視為正式課程的輔助教學。對年輕世代的半數人而言，讀大學的三、四年間是正式進入職場之前的人生重要階段。但對其他許多人而言，這種消磨時間的方式變得愈來愈昂貴，而且今天大學教師人數過少，已經無法提供我過去接受的個別輔導。很可能未來大學生為了追求昂貴學位而駐校求學的時間將會縮短，讓他們花更多時間接受遠距教學，如此一來，大學就可以聚焦於研究生教育和專業訓練。

量身打造的模組式教育

更好的替代方案是模組式學位的擴大版本，或「能力取向的教育」，也就是學生視自己的需求而採取不同的學習模組，通常會結合學校課業和實務工作，有點像自我組織的學徒計畫，是一種為了終身學習而設計的學制。美國南新罕布夏大學（Southern New Hampshire University College of America）就提供這種能力取向的學位，每年學費只有兩千五百美元。其他大學也開始群起仿效。

如此一來，年紀較大的學生如果想重新接受任何階段的教育，或想要一邊工作，一邊讀書，也變得比較容易。其實，這個概念一點也不新。內人十六歲時就踏出校園，後來在陸續讀完三門開放大學的課程後，申請到半工半讀的學位課程，同時繼續從事攝影工作。她終於在五十歲拿到學位，和讀傳統大學課程的兒子同一天畢業。可以說，追求學位的過程中，母親的收穫應該比兒子多，但無庸置疑，兒子極為享受這段人生過程，從中得到莫大的快樂。

當年輕人變得比較早熟，我們卻非要延遲他們踏入職場的時間，要求他們提供更多證據，顯示學業上的成就，然後才肯付他們薪水，豈不是很奇怪！最好在他們從事不同階層的工作時，都鼓勵他們持續學習，並在適當的時候進修大學課程。無論對雇主或對整個國家而言，這都是很好的投資。組織必須善盡職責，成為職場的學校，正如同家庭也必須承擔起人生學校的責任，而正式教育則搭起家庭和職場之間的橋梁。如此一來，就能創造出造福所有人的第二曲線。

政府可以針對學徒制或個人進修課程，提供補貼或減稅優惠，以鼓勵這類計畫。為了支應上述經費，我們應該重新考慮開徵教育捐，不只限於大學畢業生，還包括所有學校畢業後的培訓，要求在完成學業後，依照教育過程的成本高低來繳納。如果教育真的能提高賺錢能力，那麼將這筆增加的額外收入按比例透過納稅來回饋國家，似乎是很合理的事，如此就得以讓剛起步的學生有免費受教育的機會。

教育非常昂貴。因此當許多教育資源似乎遭到浪費時，我們應該趁還來得及的時候，重新思考如何開展第二曲線。

第十四章
民主的挑戰

民主制度合乎我們追求的目標嗎？

民有、民治、民享的政府，是希奧多・派克（Theodore Parker）在一八五〇年為「民主」所下的著名定義。他稱之為他對自由的理念。時至今日，這似乎變成遙遠的夢想，因為不止在英國，隨處都可聽到怨聲四起。民眾對政府和政客的信任蕩然無存，國家的和諧也破壞無遺。問題到底出在哪裡？

在我看來，英國人之所以不滿，原因有三項：歷史的危險誘惑；權力合併而非分立；未能建立適當的分權制或聯邦制。在局外人看來，結果似乎形成一個守舊僵化的系統，在過度中央集權的結構中由一個關係緊密的小圈子負責治理。由於英國多少還算成功的度過好幾個世紀，已攀上第一曲線的高峰，因此不太覺得需要改變。但二〇一四年秋天的蘇格蘭公投敲響遲來的警鐘，提醒英國應該及早開創第二曲線。

歷史的誘惑

關於歷史的誘惑，英國政府的心臟「國會大廈」提供最好的說明。一五四七年，由於西敏宮（the Palace of Westminster）的聖史蒂芬禮拜堂（St. Stephen's Chapel）不再具有宗教上的用途，英國新教徒國王愛德華六世（Edward VI）將禮拜堂撥給國會作為辯論廳使用。

聖史蒂芬禮拜堂兩端有面對面的長椅，一邊有屏風和兩個雙開門，前面還有高起的平台作為聖壇，並掛上耶穌受難像。由於聖史蒂芬禮拜堂只能容納三百人，所以只有三分之二的議員能入座。國會議員善用裡面的陳設，把兩道門拿來當作投票設施，要求贊成法案的議員都走同一道門，反對法案的議員走另一道門。議長坐在聖壇平台上，議員出入辯論廳時都必須對耶穌像鞠躬。

聖史蒂芬堂禮拜在一八三四年一場大火中燒毀，重建後又在二次大戰期間遭到砲彈摧毀。兩次重建都完全按照原本的形式：兩邊各有幾排長椅相對，以及僅能容納三分之二的議員。直到今天，國會議員投票時仍需走過那兩道門，出入時仍鞠躬致敬，儘管耶穌像早已取下，議事廳仍然沒有足夠的空間讓每個人都入座，國會議員也仍一排排坐在相互對立的長椅上，因此就心理層面而言，更難找到共同的目標。所以，四百五十年前，英國國會因權宜之計而使用一所閒置的禮拜堂，直到今天仍影響英國法令辯論和制定的方式。

唯有在英國，歷史才有如此巨大的力量。邱吉爾在第二次重建時曾說過：「我們塑造了我們的建築，之後建築又塑造了我們。」如果拿「歷史」取代「建築」，這句話仍然很有道理。

歷史經常都帶有一點浪漫意味，有些人堅持這段獨特的歷史自有邏輯，關係緊密的小廳堂能鼓勵辯論，面對面的長椅則暗指兩黨制度，許多人認為兩黨政治能產生更強而有力的政府，而且即使現狀是許久以前因權宜而誕生，仍然不能任意改變現狀。但歷史可能與創新為敵，懷舊往往引領我們走向大衛酒館，而忽視通往未來更好的路徑：第二曲線。

既然今天我們選出的國會議員都打算全職工作，就應該提供所有議員參與辯論的充足空間才是，不能拿座位不夠當託辭。還有，包括英國在內，兩黨政治在各國都逐漸演變為聯合政府，採取馬蹄形座位編排應該更能代表新現實，減少辯論的對立性，有助於凝聚共識。

大體而言，無論在決策制定或法庭辯論的過程中，只有一方得勝的對抗性辯論不見得是達成正確解方或追求真理的最佳途徑。一位資深法官曾告訴我，當他成為法官，不再擔任訴訟律師時，大大鬆了一口氣。他說：「現在，我真的可以追求真理了。擔任訴訟律師的時候，無論客戶有罪或無辜，因為職責所在，我都得為他們工作。我發現還真是不容易辦到。」

正如同我們的人生，在國會殿堂上，妥協往往是最好的辦法，但是當情況被界定為我們對抗你們，甚至當歷史和建築都強化這樣的情勢時，就很難找到妥協之道。美國開國元勳在制憲時就假定妥協的可能性，他們視權力分立為權力制衡的方式，為了國家整體利益而協力合作。一旦讓過程走向對立，制度就變得窒礙難行，歐巴馬政府就是碰到這樣的情況。

我們必須質疑歷史在政府各部門和下議院扮演的角色。就以英國首相走馬上任的第一天必定遭遇的難題為例。他的首要之務是組成行政團隊，在信譽卓著的老練文官襄助下治理國家。英國法令只容許政府有八十四名支薪的部會首長，而且必須從國會議員中產生，主要來自民選的下議院議員。倘若大選進行順利，可能會選出四百名議員，讓首相從中挑選出未來的部會首長。然而選民之所以投票給這些議員，並不是因為他們過去擔任管理者或領導人的表現，也沒有期望他們能勝任部長的職務。任何跨國企業執行長在面對如此有限的人才庫時，都會立刻召來獵才公司協助。

回頭來看，英國政府居然可以順利運作，實在令人訝異，我們其實可以指控英國政府是在封閉的小圈圈裡用人，而這種情況如果發生在其他領域，都會遭到強烈譴責。

三合一的政府

這樣的情況有沒有可能改變呢？安東尼・金恩教授（Anthony King）告訴我一個驚人的事實：二十八個歐盟國家中，只有英國和愛爾蘭認為所有部會首長都必須來自國會。其他國家的部會首長不是不得擔任國會議員，就是可能為國會議員，但國會議員的身分不是擔任部會首長的必要條件。為了避開這個難題，其中一個辦法是延攬具備必要資歷的外部人士，並讓他們經由上議院進入國會。前首相布朗（Gordon Brown）推出「廣納人才」政策（Government of All the Talents）

就是如此，結果和過去一樣，即使在紳士作風濃厚的上議院，新延攬的人才仍然認為國會體制窒礙難行，很快求去。

那麼我們必須問：英國為何如此不同，非得如此尊重傳統？即使眾所公認的英國（不成文）憲法權威白芝浩（Walter Bagehot）都說：「內閣……乃是由立法機關從它認識且信任的人中挑選出來的管理委員會。英國部長的特殊挑選模式……規定內閣閣員的選擇只限於立法機關成員，乃因其定義而衍生的意外結果……包含非國會成員的內閣，仍可有效履行職責。」

過去英國人都認為將政府的三種角色（行政、立法、司法）結合在同一個議會中是正確的做法，儘管仍然分成兩個不同的議院。這個制度原本立意良好，希望帶來和諧一致，但或許走過頭了，因為這正是獨裁者的做法：把政府的三種角色合而為一。的確，英國有時會被指控為民選專政。英國在組成聯合政府之前，政黨一旦在國會中取得多數席次，行政部門就擁有不受限制的權力。近年來，英國已將司法系統分出，成為獨立的最高法院。或許行政部門也應該這麼做，依然要對國會負責，依然受到立法機關的限制，但不再隸屬於國會，國會則透過特別委員會（Select Committee）制度來對行政官員問責。如此一來，就和美國或荷蘭、丹麥等國的制度沒什麼兩樣。歐蘭德（Francois Holland）[2]當選法國總統時，最初承諾只會指派民選人士擔任內閣閣員，但當他必須任命一位銀行家擔任經濟部長時，很快就違背諾言。

這樣的制度很令人困惑。部長一方面必須花時間關照選民需求，另一方面又需要履行部長職責。兩者時常互相衝突，而且投入的時間都太少。更令人擔心的是，任何人如果胸懷治國大志，都必須先當選國會議員再說。結果從政成為一種職涯選擇，通常都先從某個智庫或政黨辦公室起步，然後開始恪遵政黨紀律。英

2　編注：二〇一二年至二〇一七年擔任法國第二十四任總統。

國的文官系統也一樣：最好及早開始，一踏出大學校門，就踏入公部門。結果英國就由一群除了政治以外，對世界所知有限、也缺乏管理經驗的人來治理；至於不願太早投入公務生涯，或重視個人獨立性的人才，則完全被排除在外。如果能從政界之外吸收更多人才來擔任政府官員，或許英國政府的施政會更高瞻遠矚，而不是單單在意推出的政策會不會影響連任或升官了。無疑改革並非一蹴可幾，英國的重要部會首長仍會由議員擔任，但只要開了先例，未來或許會看到更多實踐的例子。

如果能由獨立的法定機構負責國家基礎設施的維護和發展，而不是像目前的英國這樣隸屬財政部，或許也能強化長期觀點。紐西蘭最近擴大文官委員會的角色，納入監督管理的責任。這個詞的定義很不明確（或許刻意如此），但很可能包含監督長期基礎設施。另外一個選擇是讓改革後規模縮小的上議院承擔這個責任，再造後的參議院中，被任命的參議員均為各領域的專家，不再有不合時宜的頭銜作為點綴，固定任期為十五年。他們除了和現在一樣負責制定新法律，還需要捍衛英國的長遠未來。如果英國有朝一日開始為重大投資建立儲備金，這項責任可能會落在新的參議院頭上。因為未來參議院除了稽核或檢查的工作，還需要扮演更積極主動的角色。

聯邦制的新曲線

如果英國接受這樣的觀念，開創第二曲線，或許還需要打破另外一個傳統，開始制定正式憲法，確立法律上的責任劃分。我們或許能藉由更新英國唯一貌似正式憲法的法律，來慶祝大憲章誕生八百週年。制定正式憲法，將有助於因應政府或組織的另一個困惑，亦即管理內部差異的問題。每個國家都同時有繁榮地區和貧窮地區，富饒的都市與人口逐漸流失的鄉村。從經濟角度來看，對大家一視同仁當然有道理，不過儘管規模經濟的效益很明顯，卻不是事事都放諸四海皆準。自覺受到忽視、權利被剝奪、灰心喪志的人，心裡的悲傷更是難以衡量。英國北部的人說倫敦等於另外一個國度，但在倫敦人看來，北部或康瓦爾郡又何嘗不是如此。最近歐盟才認可康瓦爾為受保護的少數民族。

答案顯然是聯邦制。英國人曾建議脫離英國的殖民地、領地和戰敗的敵人（例如德國）採用聯邦制，而且顯然成效不錯，但英國人自己卻避之唯恐不及。聯邦制和地方分權不同。在聯邦制度下，雖然權力分散，權力卻是由地方賦予中央，是一種逆向授權，也就是所謂的輔助性原則（subsidiarity）。輔助性原則是天主教社會教導的一部分，教宗庇護十一世（Pope Pius XI）在一九三一年用以下文字來定義：「不應該把個人能自行完成的工作搶過來交由公家去做。」或者根據我的詮釋，這種竊取個人選擇的做法是犯了道德上的錯誤。英國和其他非聯邦制國家有許多不滿的地區怨聲四起，正是因為這個緣故。

理論上，在聯邦制中，如果地方認為某些事情由中央來做的效果會更好，那麼就同意授權中央代為履行這些責任。就實務而言，中央與地方的分工是協商後的結果。如果任由中央單方面決定，則協議必定無法持久。如果地方能擁有更大的自由，能自行分配經費和處理當地的事務，那麼他們必定會積極善用手邊資源，甚至和其他地區競爭。聯邦制能激發活力，鼓勵實驗，建立地方的自豪感和忠誠度，而且能結合規模優勢和地方特色，力量依然強大。

這個制度在德國運作良好，或許在法國、西班牙、義大利和英國也行得通，這幾個國家目前都在努力團結國內不同地區。今天，市民對自己居住的城市和城市的足球俱樂部，比對民族國家的忠誠度更高，但民族國家其實近代才興起，而且如今在世界部分地區已經開始分崩離析。很重要的是，聯邦制要求人民對國家和地方都要抱持公民意識。一個人可以樂於同時當美國人和德州佬，既是巴伐利亞人、德國人，也是歐洲人。今天世人為了在亂世中求生存，正尋求各種不同的組合方式，柴契爾（Margaret Hilda Thatcher）[3]口中的主權如今可以分享，或許還應該更常為大家所共享。

聯邦制的細節非常複雜，但如果妥善施行，也不是那麼混淆不清。雖然會出現種種異常狀況、看似雜亂無章，因而追求效率者長期以來一直想好好整頓，但聯邦制的好處是，地方能自由發展適合自己的特色。大型組織晚近才了解到，從政治觀念和理論中能學到的東西遠比從管理手冊學到的多。新曲線聯邦制的時代已經來臨。我們不能再壓制或漠視各地差異，而必須面對差異，認可差異，否則情況將變得一發不可收拾。結果，包括政府在內的許多大型組織都漸漸走向混合式的聯邦制，只是沒有稱之為聯邦制或根本渾然不知這是聯邦制。只要遵循既有聯邦制的要求，尤其是輔助性原則或逆向授權和權力分立的概念，情況會變得明朗許多。

無論如何，一旦取得共識，就需記錄權責劃分方式，成為正式憲法。英國正慢慢走向準聯邦制，或有人寧可稱之為「最大程度的權力下放」（devo max）。聯邦制的新英國將包含威爾斯、北愛爾蘭、蘇格蘭，或許還包括五個英格蘭超大型的城市或地區。要在地理上劃分英格蘭為不同的城市或地區是很困難的事情，但英格蘭自成一區，又似乎占盡優勢，所以如果要往前推進，情況頗為複雜。民調也顯示，儘管地方官僚熱中爭取權力下放，人民卻不然，他們寧願仍由中央負責重大決策。因此很不尋常的是，人民可能不會主動爭取自治，而是在強力推動下才不得不實施自治。

透過協商的聯邦制總是步調緩慢，踟躕不前，需要各方展現善意才能有進展。儘管如此，倘若不列顛聯邦早些出現，就可以省下許多混亂和不滿。邦聯就大不相同了，邦聯制是比較鬆散的聯邦制，更強調輔助性原則，大家只同意在有

3 編注：一九七九年至一九九〇年擔任英國首相。

限的範圍內分攤責任。歐洲基本上是民族國家組成的邦聯，在某些特殊領域達成具體協議，主要是開放貿易、人流和金流的自由移動。唯有當全歐洲都感受到外力威脅時，才有可能迫使歐洲成為全面的聯邦制，雖然其中有小部分國家可能在更大的聯邦中建立自己的小聯邦。

電子投票的可能性

今天在許多國家都過度中央集權的情況下，代議式民主政治逐漸失去力量。太多人不願意出來投票，不是因為不再信任民選政治人物的誠信或能力，就是因為他們不認為自己這一票能帶來什麼改變。在聯邦制度下，地方議題交由地方決策，並由地方支出，因此能讓更多選民看到他們的一票確實發揮影響力。有朝一日，選民必然能透過網路進行電子投票。愛沙尼亞已經開始這樣做，儘管許多人針對系統安全問題提出警告。

依照英國法令，我必須在政府網站上申請退稅，卻不能選擇電子投票。如果我在選舉時選擇通訊投票，我反而需要填寫通訊投票表格，填上我的出生年月日和國家保險號碼，把它放進複雜的信封套中，在投票日前寄出。那麼這和我以電子方式填上我的身分證號碼和密碼，又有什麼不同呢？當然，我們日後將會非常懷念電視轉播的開票畫面和等待開票結果的漫漫長夜，因為採用電子投票的話，我們幾乎可以立即得知票數。我們也會懷念星期四晚上在雨中往學校禮堂走去，藏在布簾子後面，在選票格子中畫叉的日子，投票前只有人檢查我們有沒有帶（假定是我們的）投票通知書，然後在名單上畫個勾。當人們提出電子投票容易遭到濫用時，我不禁要問，傳統方式又有多安全呢？

儀式很重要。儀式能為事情添增意義。我可以理解，要求國會議員投票時走過承襲聖史蒂芬禮拜堂傳統的那兩道門，不只代表他們必須親臨現場，並納入票數計算，也提醒他們為何在此，即使他們有時並不知道自己為何而投，只是跟隨領頭羊罷了。然而有些儀式只是一味懷舊，變得毫無功效。人工投票就是其中之一。如果我們想讓人們（尤其是年輕人）認真看待民主制度，我們必須設法找出新的溝通方式，否則我們要冒的風險，是在通往大衛酒館的路上隨著克里斯汀生的科技土石流往下滑落。蘇格蘭二〇一四年的公投，投票率高達八四%，說明當選民認為議題很重要時，無論下雨、天降冰雹或是陽光普照，他們都會出門投票，但是並非所有的選舉都這麼有感染力和說服力：看看歐洲各種選舉的投票率就知道了。

電子投票帶來的其中一個不幸結果可能是全民公投愈來愈盛行。代議式民主政治和公投式直接民主之間有潛在衝突，不可能兩者兼得。政治決策很複雜，需要經過專家審慎分析，不太能被化約為單一的簡單問題，而對其他假設和後果都避而不談。有些人之所以雀屏中選，正是因為大家認為他有能力代表我們制定決策，為何不讓他們負起責任呢？偉大的輝格黨（the Whig）政治家艾德蒙·伯克（Edmund Burke）曾提醒布里斯托（Bristol）的選民，他們選他出來是為了治理國家，而不是推動地方上的目標，是代替他們在國會議政的代議士，而不是地方委任的代表。雖然選民不同意他的看法，並在下一次選舉將他逐出，但伯克區分「代議士」和「委任代表」的方式對代議式民主非常重要。公投會削弱代議式民主並消耗人才。

如果人們想要影響與他們直接相關的決策，他們必須在地方上積極扮演公民角色，這在實施聯邦制的國家比較容易做到，此外，改變我們使用的語言也會有些幫助。英國雖然會在學校中教導學生公民權利，卻仍稱人民為臣民。我們的用語會透露一些事情。臣民的意思是要聽命行事，公民則代表國家的重心和力量。公民不但享有權利，也有應盡的義務，而且應該積極主動，不可以消極被動。但是要人民成為積極的公民，首先必須設法把行使公民權這件事變得容易些，他們必須有辦法看到部分投票結果能反映出地方差異。要讓公民更直接參與民主政治，必須讓他們覺得透過參與，有機會帶來改變。目前英國的地方政府基本上是中央政府的執行單位，地方有超過四分之三的經費是由中央提供。在這種情況改變之前，許多人根本不覺得值得為了為民喉舌而犧牲晚上的時間。

長期以來，太多人都以為單憑一己之力沒辦法影響事情運作的方式。這可不是積極行使公民權的良好基礎。政府必須變得更開放，帶給人民更真實的感受。因此治理國家的方式及其背後的假設都必須做出重大調整。現在開始規畫第二曲線，一點都不會言之過早。

第十五章 他人之必要

他們是誰？
我們到哪裡找他們？
怎麼樣留住他們？

詩人約翰・鄧恩（John Donne）曾說：「沒有人是一座孤島，可以完全遺世獨立。」需要有他人存在，我們才會感覺到被需要、有用和被愛，和世界有所連結。所以我們何其幸運，能生活在超連結的時代。過去並非如此。一八三七年左右，內人的遠祖羅蘭・希爾（Rowland Hill）開始對大英帝國的郵政系統產生興趣。這件事原本和他毫無關係，希爾當時在托特納姆（Tottenham）擔任布魯斯堡一所男校的校長，正設法希望激勵學生學習閱讀，有一天他突然想到，或許可以透過郵政改革來達到目的。當時郵件往來十分罕見，而且郵資昂貴，從倫敦寄信到愛丁堡要花一先令六便士，而且是由收信人在郵件抵達後付款。因此只有富人才會寫信回家，也唯有確定有人可付款收信時，才會寫信。當時的人一旦子女遠走他鄉，往往就失去音訊。希爾眼見一名年輕女子收到未婚夫來信時，因付不出郵資而萬分苦惱，才發現當情侶被迫兩地分離時，愛情很容易隨之枯萎。離久而情疏是人之常情。

希爾決心重新連結全國各地，並順帶為學生找到學習讀寫的好理由。他有個革命性的想法，就是把所有信件的郵資都訂為一便士，無論寄到多遠都一樣，付費方式則改成預付郵資，後來演變成預先購買郵票貼上去（最初的黑便士郵票）。大家都嘲笑希爾的計畫不切實際，說他多管閒事，太過莽撞。這是所有夢想家共同的命運，但是有見地的人終會出頭天。一八三九年，英國改革郵政制度，希爾受命參與籌畫。幾年內，世界各國紛紛效法英國的一便士郵資制。不止英國，希爾重新串連起全世界。這是由個人開啟的第二曲線。

從某個角度而言，一百五十年後的另外一個英國人柏納李等於是希爾再世，因為網際網路和社群媒體以我們如今視為理所當然、神奇而美好的方式，串連起全世界。但相互連結卻不見得代表關係緊密。在推特上有兩萬名推友並不等於建立兩萬個聯繫，遑論有兩萬個朋友了。有個朋友吹噓他收到一百二十個朋友的生日祝福時，我問他這些人他全都認識嗎？他說：「我一定是什麼時候在某個地方見過他們。」我回答：「你是說，可能是你的iPhone見過他們。」我很清楚，你可能置身於人群之中，卻仍感覺孤獨，反之，你也可能獨自一人待在房裡，卻怡然自得。獨自一人和感覺孤獨完全是兩回事。

孤獨：現代社會的新貧現象

愈來愈多證據顯示，溝通過多可能有害。在臉書的鼓勵下，某些使用者投射出自己達不到的夢幻自我形象。當周遭的人都忙著推文和宣揚自己的成就，我們很容易覺得錯失很多機會，甚至認為自己很失敗。但我們無論在社交網站上或在喧鬧的派對中，都同樣會覺得格格不入。並不是口袋裡有支iPhone就不再寂寞孤單，有時手機反而讓狀況更糟。我注意到，有些人在搭地鐵或公車時，會情不自禁的一再檢查手機上的訊息，希望看到有人在等著他們。寂寞可能只是手機上空蕩蕩的收件匣。

孤獨成為現代社會的新貧現象。英國人似乎特別孤獨，英國人孤獨的程度在歐洲排名第二，僅次於德國人。只有五八％的英國人覺得和街坊鄰居有聯繫。每八個英國人之中，就有一個人沒有打電話的對象，並且認為電視和寵物是他們最好的朋友。七十五歲以上的英國長者有半數獨居，而且約有一百萬名英國人說，除了日常購物結帳外，他們常常整個月沒有和任何人說話。至於孤獨帶來的後遺症，研究的發現為我們敲響警鐘：孤獨似乎會提高認知衰退、失智、高血壓、心臟病、憂鬱症的風險。孤獨對健康的危害甚於肥胖，和每天抽十五根香菸差不多。儘管今天有許多相互連結的新方式，還有志願友伴服務和專為長者設計的住宅，情況依然嚴重。

不過我認為，孤獨和你在通訊錄上列了多少名字無關，也和你與他人接近與否及連結程度無關；而關乎你是否覺得別人都不在乎你，覺得為周遭世界所漠視。不幸的是，假如你不在乎別人，那麼別人也不會在乎你。如果你從來不打電話給鄰居，就不能期待鄰居打電話給你。假如你總是對孩子予取予求，從來不回報，那麼苛責孩子對你疏於照顧，沒什麼好處。在乎必須是相互的。如果人與人之間能透過某種共同努力（可能是工作、養兒育女、家庭、運動或社群活動）而連結，那麼就比較容易互相關心。大家之所以愈來愈孤獨，是因為愈來愈多人現在必須獨自生活及工作，沒有什麼事情可以把大家拉到一塊兒，做一些需要共同承諾的事情。即使分享共同的空間都大有幫助。自我負責的社會有個壞處是，缺乏這種共同努力的機會，而且大家甚至連碰面的地方都沒有。沒有了這些，無論有多少臉書訊息都無濟於事。

這是為什麼就社交生活而言，職場非常重要，即使工作本身很無聊，或似乎沒什麼意義，工作場所是個人與外界連結的場域。你無須憐憫在收銀檯結帳的怪老頭，他在那裡工作固然是為了錢，也是為了休息時間可以和同事喝喝茶、聊聊天。這也是為什麼即使家人之間時常口角，家庭仍然是社會的核心，而基督教會、猶太會堂和清真寺長久以來也一直被視為凝聚信眾的場所。無論家人多麼愛抬槓拌嘴，宗教集會多麼引發爭議，或有些顧客是多麼聒噪，都無關緊要，至少有那麼一小段時間，你是其中的一分子。你不是孤島。

家庭是最終極的救援

對某些人而言，健身房已經取代教會或辦公室，變成社交場所。對其他人而言，則換成星巴克或Costa咖啡館、美容院、美甲店或賣彩券的商店，興趣相投的人可以在此聚會聊天，形成社群。書店在角落設置咖啡館後，成了聊天的好地方。圖書館和超市也可以如法炮製，設計一些讓人們輕鬆聊天的角落。凱薩琳・懷特霍恩（Katharine Whitehorn）認為，我們需要更多的社交空間，最好不必付太多錢或根本無須付錢，就可以理所當然的待在那裡，不經介紹就與人攀談也無妨。

不過，如果你能和其他人產生連結，或加入志趣相投的團體就更好了。友誼代表互相關注，需要珍視與呵護，如果只有單向輸出，友誼就會破裂。婚姻（或相當於婚姻的關係）是最親密的友誼，家庭則是最普遍的社會群組，即使現代的彈性家庭可能包含繼父母子女、異父或異母手足，甚至偶爾還出現前夫或前妻。不久前，我在談話中提及我的女兒時，有個人問道：「您的夫人也有女兒嗎？」我才領悟到夫妻各有子女的情況可能比我認為的還要普遍，因此以後我一定要記得說「我們的」女兒。

在尋找這種難以捉摸、相互支持的凝聚感、一體感時，家庭是問題，也是明顯的機會。家庭應該比任何咖啡館都適合當作相互支持的場所，因為家庭天生就是命運共同體。當然，悲哀的是，沒有人能選擇在什麼樣的家庭誕生，也沒辦法選擇配偶的家人，因此無法保證你的父母和手足一定和你志趣相投。幾世紀以來，該隱和亞伯的故事一直被拿來當成手足相互忌妒的例子，只不過並非所有的手足都會和他們一樣自相殘殺。我經常同情《聖經》浪子回頭故事中的哥哥，他目睹父親對犯錯的弟弟慷慨大度，浪擲關愛，卻把他的忠誠付出視為理所當然。家庭不見得都是和諧關係的典範。

儘管如此，每個家庭都有共同的歷史，因而也有隱含的義務。當其他的一切都失敗時，家庭（或部分的家庭）依然存在，儘管可能內心充滿怨念。英國大約有六百萬名家庭照顧者，他們多數都沒有支薪，有的人純粹因為愛而任勞任怨，也有人為了盡義務而勉強承擔。家庭是大自然提供的救援服務，也是愛的儲藏庫。每個人都應該用心維護和家人的關係，因為有朝一日，你可能會需要他們。參加重要的家庭聚會，和不住在一起的親人保持密切聯絡，經常通電話和視訊，甚至架設網站來分享好消息和壞消息，都是維持家族歸屬感的好方法，讓家庭不僅僅是個人歷史的一部分。

家庭的規模會變得愈來愈大。我只見過一位祖父母輩的親人，她在我九歲時便過世了。我的孩子見過他們的祖父母和外祖父母，許多人的曾祖父母還在世，更別提還有繼祖父母和許多不同世代的表親、堂親。有了如此多樣的關係，家庭應該被稱為部族更適當。有的人或許寧可歸屬於部族，而不是家庭。因為如此一來就可以有更大的空間選擇要和誰親近，比較不需要處處順從，也更能容許個別差異。我常常想，如果改變用語能帶來實質改變，那麼可以用部族取代家庭，表示我們重新思考家庭及家人之間的關係。

或許我們也需要為婚姻找到新的詞彙，以反映婚姻制度的新彈性。對某些人而言，「婚姻」的宗教色彩太過濃厚，「伴侶」聽起來又太過淡然，太不帶感情。我沒有答案，我只是觀察到選擇用語的困難正反映出社會的變化。不過在年輕人眼中，法律上的正式承諾似乎仍然會造成差別。英國有一項針對十五歲青少年的研究發現，假如他們的父母原本是同居關係的話，每十個青少年中只有三個人還跟雙親同住；但假如父母有正式的婚姻關係，那麼每十個青少年中有七人仍和雙親住在一起。也許政治人物說得對，至少在早年，婚姻中包含的法律承諾是家庭最穩固的基石，雖然小小的賦稅優惠居然會造成差別，似乎有點侮辱人。

新的婚姻契約

無論哪一種形式的婚姻，許多人如今都不期待能白首偕老。婚前協議變得愈來愈普遍，離婚也廣被接受。在維多利亞時代，婚姻平均會維持十五年，今天也差不多。分別在於維多利亞時代和更早之前的婚姻關係往往在配偶（通常是妻子）過世時終結，如今卻是因為雙方離婚或分居而結束婚姻關係。也許一段關係維持十五年到二十年是比較自然的情況，可以有機會修補更新。

內人和我已經結婚五十二年了，我們迄今仍然視彼此為最好的朋友，所以相互承諾的長期關係確實可能存在，只不過我們在半途中明確改變我們的婚姻關係中隱含的契約。我們結婚的頭二十五年，我平日忙著賺錢養家，是缺席的丈夫，內人則操持家務，養育孩子，同時兼差工作，補貼家計。我們白天各忙各的，也各有各的朋友圈子。等到孩子長大離家，我也變成自由工作者之後，我們的生活型態開始轉變。內人重拾攝影工作，同時也扮演我的經紀人。但不管我的案子或她的案子，我們都分工合作，結合彼此的工作技能，也分攤做飯和清掃等家務。如今我們分享一切。每個我認識的人她都認識，反之亦然。有的人會把工作上的同事變成妻子，我們則恰好相反：內人後來成為我的同事，而且為我們的關係注入新生命。我常常半開玩笑的說，和我們認識的許多人一樣，這是我的第二段婚姻，只不過我兩次都娶同一個女人。

所有的關係都需要時時更新，親密關係更是如此。每個人都會變，環境也會改變。對於可能受影響的相關人等來說，終止關係或許太激烈、也太痛苦了。也許至少在一開始的時候，最好還是先探索新合約的可能性。把婚姻關係想成合約，在合約中交換彼此的期望，聽起來似乎過於正式，太拘泥於法律，也不夠浪漫，但是當人們不想再受傳統束縛，想要自由的以新方式自行定義時，探索以不同方式在一起的可能性，仍不失為好方法。

在最好的情況下，愛情會逐漸成熟，發展成深刻的友誼，成為治療孤單、匱乏或絕望感的良藥，也提供絕佳的機會，讓彼此歡喜相伴、同甘共苦。十六世紀英國哲學家及散文家培根（Francis Bacon）論友誼的文章在最後的結語中說：「一個人對兒子說話時，不能不保持父親的身分；對妻子說話時，不能不保持丈夫的身分；和敵人打交道時，需要維護立場；然而對朋友就可以就事論事……沒有朋友的人可以鞠躬下台了。」朋友何其多，有的朋友適合一同歡聚，一起運動；然而，能在你需要時鼎力相助，或是如培根提到可以當面吐真言的朋友卻寥寥無幾。聰明的話，就要好好把握住這少數知交，因為他們的價值難以衡量。不幸的是，臉書上的「好友」似乎不能算數。民調結果顯示，大多數年輕人都覺得在危急時刻，無法仰賴任何一位「臉友」。因共同興趣而結合的新興電子社群十分脆弱，只能分享，無法依靠。

如今我已年過八十，我發現值得信賴的老友真是彌足珍貴，也日益稀少，因為愈來愈多人已經走到人生盡頭。有時交到新朋友，也十分興奮，但除非他們和你共同享有深刻的人生體驗，否則就不太可能成為你信賴的少數知交。隨著年紀漸長，朋友圈必然日益縮小。有個九十幾歲的朋友哀嘆同輩親友都已過世，年輕人顯然對他只有憐憫之心，而沒有真正的友誼，我很同情他。我當時就下定決心，無論如何，我一定要持續讓年輕世代對我感興趣，無論是透過我的機智或智慧，或偶爾適度展現我的大方都好。無法與他人分享的人生有如觀察青草的成長過程：無聊，孤單，毫無意義。

持續讓別人對你感興趣，也持續對別人感興趣，是老年的一大挑戰。其實順序應該倒過來，因為除非我們明顯表露出對別人的興趣，他們不會對我們感興趣。年紀大的人常常忍不住滔滔不絕的說太多話，一再重複相同的故事，不待詢問就自動提出忠告。最好先向別人學習，尤其向年輕人學習，只要保有一顆真誠的好奇心，你應該在邀請他們踏入你的世界之前，先設法踏入他們的世界。你或許因此得到豐碩的回報，因為年輕人代表未來，而未來一定比我們熟知的過去有趣多了。能夠一瞥年輕人眼中的世界是莫大的恩典。必須和外界保持連結，懂得使用他們的各種連結工具，也就是說能夠理解和應用社群媒體和新科技。

由於本書主要是寫給剛起步的年輕世代，我要懇請年輕人多多與老年人為友。雖然他們常常有些老糊塗，但同時他們也有豐富的智慧和人生經驗。過去七十年來，整個世界或許起了很大的變化，更不用說過去千年來的改變了，不過許多事情依然沒變。歷史或許不會重覆發生，卻能提供教訓，而老人家更了解歷史的教訓，因為他們曾經需要好好學習這些教訓。將老年人拒在門外的社會將損失寶貴的資源。

總而言之，由於今天的社會出現各種新型態的關係，我們選擇朋友或另一半的範圍更寬廣了，但這也意味著，穩固的關係並非唾手可得。你的朋友圈子不再局限於辦公室的同事或從小一起長大的家人，但這也意味著他們對你的義務也減輕不少。雖然選擇變多，同時也因為選擇變多，我們比過去更需要一切靠自己。但如果鄧恩說得對，那我們不可能完全獨立生存於世上。我們都需要別人，而且他們必須也需要我們，我們才能擁有他們的友誼。如果我們希望搭上新的社會潮流，就需要他人的支持，需要設法找到值得結交的好友。孤獨寂寞足以致命。

第十六章
與自己的約定

我們希望從人生得到什麼禮物？

到頭來，一切都要回歸一個恆久不變的問題：「這一切所為何來？」我們為什麼要大費周章改善自己和社會的命運？究竟改善和成功的意義何在？為文探討如何改革社會之後，我們必須退一步自問：「為什麼？然後呢？」要回答這個問題，從甘地談起可說再適合不過了。這位老哲人說得對，他說我們必須成為我們想要看到的改變。誇口建立美好社會很容易，但真要付諸實施，就必須先從自己做起，從如何安排我們人生曲線的順序開始。我們為了達到什麼目的，打算怎麼做，做出什麼樣的貢獻？簡而言之，我們和自己做了什麼約定？

如果很清楚自己想成為什麼樣的人，過什麼樣的生活，重視什麼樣的價值，就沒問題。但是當你初出茅廬時，卻不容易做到，當時的人生就像一片遼闊空曠的平原，在你面前延展開來，上面沒有任何地標。即使你和我當初一樣，宣稱想要打造更美好的世界，也還不夠。首先我們需要先釐清什麼是更美好的世界，而不是急於盲目加入戰局。我也曾急切的渴望立刻出發，到哪裡都無所謂，只要不是原地踏步就好，就這點而言，我和任何人同樣犯過錯。

人生在世，所為何來

我曾經向一位印度大師描繪我的生活。他客氣的聆聽我說了一長串活動之後表示：「你似乎非常忙碌，但沒有什麼方向。」他說對了，我的人生毫無方向。我從來沒有面對這個大問題：「我在這裡究竟是為了什麼？」如果不知道目的地的話，人生可能只是一場隨意的漫遊，任由旅伴或憑著一時衝動選擇方向。

我有一度就是如此。我還記得我坐在愛爾蘭家中客廳，翻閱一本又一本遠方企業招募人才的小冊子，父母則一臉茫然。我正在找工作，我只知道自己不想待在愛爾蘭或英國，想出去看看世界，賺錢過好日子。我彷彿把自己的人生看成度假，要看宣傳小冊子有多吸引人，來決定我選擇去哪裡。我很幸運，早年工作機會很多，但假如我當時找到適當的篩選標準，假如我記得亞里斯多德說過的話，我想我會做出更好的選擇。

前面提過，結果我被石油公司派到東南亞工作，令雙親大失所望，我猜他們當時一定想像我在經營一家華人加油站。我必須招認，我在炙熱的陽光下過了幾年快樂的日子，但後來終於領悟到這不是我想要的生活，繼續這樣下去，只是浪費生命罷了。在跳進不同的人生軌道前，我需要先弄清楚我想過什麼樣的生活，以及我能有什麼貢獻。當時我讀了一本很可愛的書《島嶼的型態》（*A Pattern of Islands*），作者亞瑟．葛林堡爵士（Sir Arthur Grimble）是英國派駐南太平洋的殖民地官員，這本書是他的自傳。葛林堡說他之所以選擇這樣的職業生涯，是因為他想贏得叔伯的讚佩，只不過有一天他突然醒悟到他們全都過世了。叔伯姨姑等長輩和我們的雙親常常在無意中阻礙我們的人生抉擇。

沙特（Jean-Paul Sartre）曾說過，父親給子女的最佳禮物就是死得很早。我告訴子女，我不打算對他們如此慷慨，不過我希望他們無需向我或他們的母親證明自己的人生選擇是對的，因為這樣會推遲他們追求人生真正目的的時間。

人生的前五十年，我都在設法成為我以為應該變成的那個人。一直到五十幾歲我才能自在的做自己。然而我並不後悔早已逝去的數十年光陰，因為我可能需要先嘗試各種不同的身分，才能找到正確的自我認同。但願當初嘗試的時間能縮短一點。我的結論是，我們永遠不應該害怕嘗試新身分。

我常常對初出茅廬的年輕人說，只要不傷害任何人，二十幾歲正是做各種實驗的最佳年紀。找出自己不想做什麼，通常都很有用，如此一來，你至少可以在清單上劃掉一項，然後繼續嘗試其他項目。

唯有當你知道自己想成為什麼樣的人時，才能決定人生究竟要追求什麼。在這個資本主義的年代，許多人會無奈的把金錢當作答案，不斷追求更多的金錢，企業的說詞是利潤，對國家而言，則代表經濟成長。金錢雖然可以開啟更多選項，卻只是延後解決問題的時間，因為金錢只是中程目標，是達到遠大目標的手段。從邏輯來看，金錢本身不可能是目的，因為金錢只是交易的信物，你應該問的是，究竟要拿這些錢來購買什麼。有一件事倒是很明顯，當一個人有錢到某個程度時（大約年收入達到一萬五千英鎊左右），之後即使有更多錢，也無法買到更多快樂，因為總是有人比你更有錢，讓你想得到更多。

最近我看到求學時代的日記，發現我十七歲的時候在日記本寫下我的人生只求每年能有兩千英鎊的收入，以及擁有一輛賓利大陸汽車（Bentley Continental）。我當年不是真的那麼謙虛，因為當時兩千英鎊的年薪是一般大學畢業生起薪的四倍，所以我夢想的收入相當於今天的十萬英鎊年薪加上汽車。想到我當時根本不知道該如何賺到這樣的薪水，也不知道自己想過什麼樣的生活，只懂得開著可笑的車子到處跑，就覺得很慚愧。但當年的我其實和我今天看到的一些年輕人沒什麼兩樣：都把金錢當作人生的解答。

多少才夠？

問題是，無論你有多少錢，你永遠不會覺得足夠，企業高階主管薪酬（顯然毫無必要的）節節上漲就是明證。即使你所有的需求和欲望都得到滿足了，仍然會禁不起「范伯倫商品」的誘惑。所謂「范伯倫商品」是因為范伯倫（Thorstein Veblen）的比較商品理論而得名，指的是花在限量商品的炫耀性支出，例如擁有菁英俱樂部的會員卡、高級住宅區的豪宅，或在企業高薪排行榜上名列前茅。對某些人而言，金錢也是計分卡，和購買力無關，而關乎能否躋身《富比世》雜誌（*Forbes*）億萬富豪排行榜。被問到為何需要兩百萬英鎊的年薪時，一位企業主管同意他根本不需要這麼多錢，他不會因為拿到更多薪水而更努力工作，也不會因為薪水少了一點就不努力工作。「但是其他人都拿高薪，為什麼我不該拿呢？」像這樣追逐金錢，真是會沒完沒了。

勉強接受像金錢這類中程目標，要比回答真正的大問題容易多了：「人生在世是為了什麼？」這一切究竟所為何來？政府一心一意追求經濟成長，認為是邁向美好社會的必要條件，遲遲不肯面對更大的問題：美好社會是什麼樣貌。我在商學院的學生滿腦子都是畢業後的工作和可以賺多少錢。被問到他們想要有什麼樣的人生時，就像我過去一樣，他們通常回答：「我會先累積一些資金，等到有點錢再來思考這個問題。」但是那天通常不會來臨。永遠都需要賺更多錢才夠。企業和政府也是如此。更多往往代表更好，因為可以帶來更多選擇。

無論在公務上或私人生活中，大家很容易遲遲不去回答重要問題，總是不斷冒出吸引人的事物或短期需求來轉移焦點，漫無目標的瞎忙。民主制度很容易受制於焦點團體的壓力，政黨在選舉操盤時，往往迎合群眾，將受大眾歡迎的議題列為優先，令人想起愛爾蘭人說的：「我是你的領導，我就在你的背後。」我們尋找的領導人必須能坦率勾勒出對社會的願景，不要只說些公平、繁榮之類的陳腔濫調，但我們大半時候都徒勞無功。他們都不想冒險許諾，以免無法兌現，或更糟的是根本無法贏得權力來兌現承諾。所以他們只是做點微調，分神處理一些局部的小問題，抱怨許多未知的未知事物，聲稱不可能討好每一個人。最後多數人為了求生存而妥協，而不是求進步，只求能當選或連任。如果問他們，我們為何要投票給他們，他們的答案會包含一長串政策和計畫，卻拚命閃避「希望達到什麼目標？打造什麼樣的社會？」的大哉問。

或許我們早已對烏托邦幻滅。湯瑪斯・摩爾（Thomas More）用「烏托邦」來代表理想社會。然而烏托邦其實是個可怕的地方，大家都穿相同的衣服，分享妻子和子女。宗教宣稱要提供援助，但他們的終極目標是到另外一個世界，因此很難釐清他們如何定義人生的最終目的。你必須信奉他們的神，才能遵循他們的處方。聖奧古斯丁（St. Augustine）的上帝之城（City of God）是設定在另一個世界，柏拉圖的共和國則是由哲學家統治，其他人都必須滿足於在社會上被指派的角色。我有時納悶，他是說真的嗎，還是只不過在臆測罷了？

亞里斯多德的完美人生境界

我們必須盼望每個人都會愈來愈進步，找到足以衡量我們的人生、決定人生目的的指標。兩千五百年前，亞里斯多德潛心思考這個問題，正如同他潛心思考有關人生及大自然的其他面向。他展開邏輯推演，去除所有中程目標，尋找可以獨立存在、具有獨立價值的事物，而不僅僅是達到其他目標的手段。最後他決定人生最終目的是依循美德，透過「Eudamonia」，達到卓越境界，也就是他所說的「美好生活」。「Eudamonia」是個複雜的希臘字，通常翻譯為「幸福」，但亞里斯多德並不是指歡愉或滿足的狀態，而是指更蓬勃活躍多產的狀態，更接近米哈里·契克森米哈伊（Mihaly Csikszentmihalyi）的「心流」（flow），或有些運動員所謂的「忘我」（in the zone）。我把它譯為「為了造福他人而盡己所能，發揮所長」：換句話說，就是充分發揮自己的潛能。「造福他人」這幾個字很重要，因為亞里斯多德說得很清楚，發揮潛能時必須依循美德（良好德行），符合倫理，而非自私自利。他的名言是：人是政治（意指社會）的動物，不會單獨存在。我們都需要找到超越小我的目標，感覺自己對別人有所貢獻，發揮影響力。

亞里斯多德是他的時代和階級的代表人物。他認為，真正的自我實現最好透過像他這樣擁有資產的中年男子來完成。對他而言，智識性思考是最有價值的活動。或許在亞里斯多德眼中，完美的人生境界莫過於午後在樹蔭下讀書思考，和三五好友飽餐一頓後（無疑由他的妻子烹調，他的奴隸上菜），討論剛剛讀的書。當代哲學家麥金泰爾（Alasdair MacIntyre）形容亞里斯多德「幾乎像個英國紳士」，亞里斯多德對幸福的看法，他斥之為「令人震驚」。我們不一定要認同亞里斯多德對「幸福」的個人詮釋，但不妨保留背後的想法：只要出發點是為了造福人類，我們應該把實現個人潛能當作人生目標。

我在另一本書中曾論及一種「適當的自私」，一個人必須先投資自己，然後再超越自我，以某種方式將原先的投資轉為造福大我，才會真的覺得自己很成功。如果你不先開發自己的潛能，你的貢獻就不會有太大的價值。如果你將自我發展的果實據為己有，就變成不適當的自私，終究不會有好的回報。我在桌上放了一顆白色石頭，因為《聖經》〈啟示錄〉（Revelation）有言：「得勝者，我將賜他一塊白石，石上寫著新名；除了那領受之人，無人能識。」〈啟示錄〉是聖經中最幽暗神祕的篇章，所以我不是很確定這句話背後的真正含意為何。但我的詮釋是，只要我能充分發揮潛能，並用來造福他人，那麼我將贏得新名，並且根據〈啟示錄〉在後面的敘述，成為上帝聖殿（也就是社會）上的重要支柱。桌上的白石是提醒我在面對個人挑戰時，即使需要花掉後半輩子的時間去追求，仍要找到幸福和我的新名。

亞里斯多德是古希臘的有閒階級。我們大多數人在致力於發揮真正的個人潛能之前，都必須先設法滿足自己的經濟與社會需求。追求幸福是人生第二曲線或甚至第三曲線的目標，最好在你已經認識自我，了解自己能做什麼和不能做什麼，當你不必再為求生存和養家的需求耗盡心力時，才展開這樣的追求。美國心理學家馬斯洛（Abraham Maslow）用他的需求層次理論指出，一個人唯有在經濟與地位需求都已獲得滿足時，才準備跨入所謂的「自我實現」層次（和幸福類似的狀態）。所以沒錯，初出茅廬時，你確實需要金錢，但千萬不要一直停留在這個階段。

史紀德斯基父子（Robert Skidelsky & Edward Skidelsky）在他們迷人的作品《多少才滿足》（*How Much is Enough?*）中提出亞里斯多德式的美好生活七要素：健康、安全、尊重、個性、與大自然和諧相處、友誼和閒暇。他們所謂的個性，是指能自由自在的發展自己的性格。史紀德斯基強調，閒暇不一定是指不工作，只要工作是出於自己的選擇，而不是辛苦勞碌就好。我們可以爭辯他們列出的要素或定義是否恰當，但重點在於，美好社會應該設法提供這樣的環境，讓人人有機會享受幸福的美好生活。美國傑佛遜總統（Thomas Jefferson）是亞里斯多德的信徒，今天在華府的美國國會圖書館中，還能找到傑佛遜註解的拉丁文版亞里斯多德作品。傑佛遜在美國獨立宣言初稿中承諾，人人都應該擁有不可剝奪的「生命權、自由權和追求幸福的權利」，他其實是在引用亞里斯多德的說法。我相信，他的意思是：政府應該保證會提供必要條件，讓人民充分發揮自己的潛能。由於處於不同的時代，獨立宣言並未將女性或奴隸涵蓋在內，直到很久之後，他們才享有同等權利。我們可以將獨立宣言視為史紀德斯基清單的簡短摘要。

進一步探討，我會說拿它來概述組織對成員應負的責任，其實也不錯，如果運用恰當，也能幫助組織履行對其他利害關係人的義務。員工的需求清單中，排在首位的必然是有機會培養新的能力，能持續成長，對自己的工作逐漸享有更多掌控權，有更大的貢獻。只要有機會，每個人在內心深處，其實都是現代的亞里斯多德信徒。即使別人沒有給我們機會，我們自己也應該好好抓住可能的機會。

你希望別人記得什麼？

在課堂練習時，我偶爾會要求這些已成年的學生撰寫訃聞。我告訴他們：「想像一下自己在八十來歲時過世，很多人來參加喪禮，你最好的朋友預先已同意前來致詞，但你要求他說得簡短扼要。請寫下你希望他講的內容，字數不要超過三百個字。」事實上，我等於要求這群四十多歲、正值職涯巔峰的中年人站在生命的終線，回顧自己的一生。過去的工作履歷早已被歸檔或丟進垃圾桶中，他們已走上不同的人生軌道。那麼，他們希望別人記得什麼？什麼是他們人生中最重要的貢獻？他們身後會留下什麼？

我第一次練習時發現，這個練習能讓人如大夢初醒，同時也容許我們作夢。練習的目的是幫助參與者從正確的視角思考目前的工作與生活，致力於發揮自己未開發的潛能。我猜亞里斯多德也會贊同這樣的練習，因為這是一種思考練習，而他認為思考是經過省察的人生中不可或缺的要素。

訃聞的練習讓我想到雅典賢人和立法者梭倫（Solon）給克洛伊索斯王（King Croesus）的忠告，當時國王滿心盼望梭倫恭賀他擁有財富、成功和快樂，但梭倫說：「一個人還沒走到生命終點時，都不能稱他是幸福的。」所言甚是，因為克洛伊索斯後來失去一切，包括他的王國在內，而且被敵人以鎖鏈綁在火葬用的柴堆上。

即使你當時以為已經做得夠多了，事實上仍然不夠，因為在生命終結之前，總是還有更多事情要做。停下來休息可能會冒著不快樂的風險，因為你沒有工作，沒有希望，更糟的是可能沒有人愛。二〇一四年，八十四歲的導演費德瑞克·魏斯曼（Frederick Wiseman）在坎城影展放映他最新的紀錄片。被問到為何繼續拍片時，魏斯曼說：「我所有的朋友不是已經離世，就是還在工作。」

總是有工作需要完成，也總是有第二曲線等著我們開創。

致謝

許多人對本書有重要貢獻。蓋爾・呂貝克（Gail Rebuck）不但長期出版我的作品，也是我的好友和顧問，他提議我重新審視過去二十年來提出的概念，看看是否依然適用於今天的環境。於是，我不只重新審視過去的觀念，還擴大企圖，將第二曲線的觀念延伸到組織以外的社會領域。藍燈書屋（Random House）的編輯尼爾・威爾考克森（Nigel Wilcockson）協助我將這些概念組合成一本書。在我努力要設法組織思緒時，非常感謝他的耐心與溫柔的勸說。羅莎琳・佛格森（Rosalind Fergusson）則嫺熟的改正我在事實上的錯誤和不妥的用語。

在過去多年中，很多人曾對我的思想產生重要影響，包括已故管理大師華倫・班尼斯（Warren Bennis，也是我的良師益友）和彼得・杜拉克（Peter Drucker）。也要感謝亞里斯多德學說的絕佳詮釋者吉姆・歐圖爾（Jim O'Toole）與麥克・麥考比（Michael Maccoby），他的精神分析和人類學背景，提供剖析領導力的新洞見，這兩位多年來一直是我的良師。此外，我的書架上擺滿許多學者的著作，這些年來我一直深受他們的觀念影響，尤其是湯姆・畢德士（Tom Peters）、吉姆・柯林斯（Jim Collins）、琳達・葛拉騰（Lynda Gratton）、馬克・高德（Mark Goyder）和約翰・凱依（John Kay）等，不過他們無須為我撰寫的內容負任何責任。

維也納杜拉克論壇的創始人理查・史特勞（Richard Straub）一直支持我、激勵我。賽門・高爾金（Simon Caulkin）、亞德里安・伍德吉（Adrian Wooldridge）等新聞工作者發人深省的文章和概念，給我許多啟發。身兼佛教徒、哲學家和企業家等多重身分的高登・法克斯（Gordon Fox）也是鼓舞人心的好友，讓我看到如何善用優良的原則建立偉大的事業。我非常感激這群充滿智慧的朋友。還有其他朋友，我銘感在心，但由於人數太多，恕我無法在此一一列出。

不過，如果沒有我的妻子兼夥伴伊莉莎白（Elizabeth Handy），本書絕對不可能誕生。她對我永不動搖的信心消除我的疑慮；她的良好判斷力約束我知所節制；她無盡的支持和關愛更是我人生中最大支柱。

財經企管 BCB704

第二曲線
社會再造的新思維（經典珍藏版）
The Second Curve: Thoughts on Reinventing Society

作者 ── 查爾斯．韓第　Charles Handy
譯者 ── 齊若蘭

總編輯 ── 吳佩穎
書系主編 ── 蘇鵬元
責任編輯 ── 蘇鵬元、王映茹
封面設計 ── 張議文

出版人 ── 遠見天下文化出版股份有限公司
創辦人 ── 高希均、王力行
遠見．天下文化 事業群董事長 ── 高希均
事業群發行人／CEO ── 王力行
天下文化社長 ── 林天來
天下文化總經理 ── 林芳燕
國際事務開發部兼版權中心總監 ── 潘欣
法律顧問 ── 理律法律事務所陳長文律師
著作權顧問 ── 魏啟翔律師
社址 ── 臺北市104松江路93巷1號
讀者服務專線 ── 02-2662-0012｜傳真 ── 02-2662-0007；02-2662-0009
電子郵件信箱 ── cwpc@cwgv.com.tw
直接郵撥帳號 ── 1326703-6號　遠見天下文化出版股份有限公司

國家圖書館出版品預行編目（CIP）資料

第二曲線：社會再造的新思維／查爾斯．韓第（Charles Handy）著；齊若蘭譯. -- 第二版. -- 臺北市：遠見天下文化，2020.06
320面；14.8×21公分. --（財經企管；BCB704）
譯自：The Second Curve: Thoughts on Reinventing Society.
ISBN 978-986-5535-23-0（精裝）
1. 未來社會　2. 經濟預測
541.49　　109008067

電腦排版 ── 李秀菊
製版廠 ── 東豪印刷事業有限公司
印刷廠 ── 祥峰印刷事業有限公司
裝訂廠 ── 精益裝訂股份有限公司
登記證 ── 局版台業字第2517號
總經銷 ── 大和書報圖書股份有限公司｜電話 ── 02-8990-2588
出版日期 ── 2016年03月25日第一版第1次印行
2023年04月18日第二版第2次印行

定價 ── 450元
ISBN ── 978-986-5535-23-0
書號 ── BCB704
天下文化官網 ── bookzone.cwgv.com.tw

天下文化
BELIEVE IN READING